孩子眼中的世界

〔德〕科妮莉亚·尼驰　哈特穆特·卡斯滕 著　李琪 译

陕西新华出版传媒集团

太白文艺出版社

目　录

前言

　　孩子们是如何感知这个世界的呢？他们通过什么样的方式学习知识并开发能力，而作为父母的你又能为他们的成长提供哪些支持呢？怎样才能增强他们的好奇心、推动他们向前，怎样能给予他们依靠感、信赖感和自信心？大大小小的孩子们在用和成年人不一样的方式观察这个世界。所以，父母要做的是了解孩子们的感受如何发展，而不是拿着成人的尺度来衡量孩子们的成长。

　　人生最初的这几年对孩子有着深远的影响——孩子们今后的能力、信心、成功以及幸福都将在这个时期打下基础。如果你能够了解并重视自家孩子的特点，能够试着从他独特的视角看待问题，用他的眼光来看一看这个世界，那么你就能了解他的需求。对孩子重要的成长阶段了解得越多，你就会越发对自己的孩子感到惊讶。你会腾出必要的空间去陪伴他，以便他能茁壮成长。这样，你就在满足了孩子基本需求的同时，激发了他学习新东西的兴趣。

　　本书将帮你正确理解孩子发出的信号，并指导你如何对不同的信号做出最佳应对，以帮助你培养孩子细腻的感知力，让孩子更好地应对日常生活。书中还将为你介绍神经生物学、成长心理学以及早教等方面精彩而实用的相关内容。

　　针对每一个阶段的成长话题，我们分别虚构了一个与之年龄相符的孩子，让他首先发言，表达自己的体验、认知和感觉，描述自己的想法和发现。他将趣味性地解说自己对事物的观点。通过这一方式，你将生动地感受到孩子是怎样逐步掌握自己的世界的。

　　然后，我们会针对这个孩子的"思想"以科学知识为基础做出解释，并且深化和补充孩子对我们讲述的内容。这样，你将了解自己的宝宝是如何理解最基础的物理知识以及他们是怎么学会区分语言的。你将发现自己的宝宝甚至懂得对生物进行分门别类，后来更是能培养出丰富的想象力来理解这个世界。在这种形式的"对话"基础上，我们还补充了一些小窍门，为你提供切实可行的建议来应对日常生活中的各种情况。

Cornelia Nitsch

迎接人生

出生前后的紧张时期

在即将出生以及刚刚降临人世的时候，
小宝宝们是怎样体会这个世界的呢？
他们对世界最初的了解是什么？

我在为迎接人生做准备

亲爱的妈咪，在你的肚子里待了差不多四十个星期之后，我已经慢慢地准备妥当。我在练习生活需要的技能：听觉、嗅觉、味觉、触觉……

现在我仍然和你是一体的。你体验的东西，我也在一起经历哦。你一定能察觉到我什么时候在活动什么时候又在睡觉吧。我的感觉是这么告诉我的。你也能感觉到，我的状况是好还是不太好：有的时候我又踢又踹地闹腾；当噪音太厉害的时候，我会手舞足蹈地动用全身来告诉你；而当我被轻柔地摇晃时，我就会安安静静的——这时你大概正在散步吧！这种柔和的晃动我可喜欢了。这时我会放松自己，大多数情况下我会舒舒服服地进入梦乡。

我能感觉到你身体的状态：当你紧张的时候，我会和你一起烦躁不安；当你活跃起来的时候，我也跟你一样；当你放松的时候，我也会放松——大多数情况下是这样没错啦。我能越来越好地配合着你的节奏，你能感觉到吗？

我运用自己全部的感官认知着里面的这个世界，而对外面发生的一些事情也通过你有所了解。相信我，我对人生慢慢地有了初步的认识，因为在这段时间里

2

我已经学会了不少东西：我在听，在感受，我在品尝，还在嗅闻……

我能看到什么

我还看不到太多东西。这也不足为奇，因为这里面黑漆漆的，看不到什么东西。所以大多数时候我都闭着眼睛。当我睁眼的时候，偶尔能看见一道幽暗的蓝红色光芒闪烁着向我射过来。

我能听到什么

我听到的比看到的要多得多。我倾听你的声音。我还分不太清楚你的声音是从外面传来的，还是来自里面，它听上去很轻，还闷闷的。我认得你的声音和你说话的方式，那是我熟悉的音调和旋律，是我最爱的声响。当你柔柔地和我说话，轻声给我唱歌时，我就沉浸在这温和的语调和乐音之中。除了你的声音之外，我还经常听到另外一个人的声音。它听上去和你的不一样，稍微低沉一些，但对我来说也是很熟悉的。

另外，我还会听到很多别的声音——各种声响，包括音乐。有时候声音比较大，有时候比较小。我能听到一种轻柔的敲击声，它始终伴随我，让我安心。除此之外，还有一种沙沙低响，当然，有时也有响亮的隆隆声和咕噜声。但是它们对我不会产生太多干扰，对它们我都已经熟悉了。我置身于这个音乐盛会之中，感觉好极了。有时候有动静，有时候很安静，来回交替，正合我意！

我能摸到的东西

当我活动的时候，我能感觉到软软的墙壁包裹着我。还有某种温暖的液体，

成长小建议

感知声响

　　大约在孕期的第二十周，你的宝宝就开始聆听你的声音了。你说的每一个字对宝宝来说都是一次爱抚，都是通向亲密关系的序曲。大量的字句化成了一场由不同语调、韵律和音域组成的温柔细雨，这是对宝宝听力的训练。因此，你可以在怀孕期间多和宝宝说说话：当你散步的时候，可以给他讲一讲你所看到的景色，或者唱唱歌。至于轻柔的音乐——比如莫扎特的作品——是否真的能刺激胎儿的听觉，这仍然没有定论。但如果你喜欢听音乐的话，你的宝宝也会喜欢听音乐的。

在这种液体里我可以无忧无虑地动来动去。我也能感觉到我自己——我的双手可以触碰到我的脸颊和我的身体。当你活动的时候,我会立刻跟随你一起动,直到再一次撞上包裹着我的软墙。当我的巢穴变得越来越狭小时,我会感受到更多的碰触。有的时候我甚至会吮吸我的大拇指。我能感觉到的东西非常多呢。

我能尝到和闻到什么

凭借这段时间积累的经验,我知道你喜欢闻什么样的气味、吃什么样的东西,因为羊水的味道和气息会不断地随之改变。我尝到的和闻到的就是你食用的东西:你最喜欢的餐点和你爱喝的饮料。有时候我喜欢传送到我这里来的东西,有时候不喜欢。我最爱带甜味的食品,当我的游泳水变得甜甜的,我会狠狠地多喝上两口。

转变正向我们迎来!

现在我已经不能像先前那样自如地活动了,但我能挺住的。我感觉我在不断长大,我也非长大不可,因为有不少事情正在等着我呢。我长啊长,因为我越来越大也越来越重,你肚子里的空间就慢慢变得越来越狭窄,再也没有地方能让我好好伸伸懒腰,也没太多空间让我玩耍和运动了。所以在这段时间里,我很少伸展拳脚。你包裹着我,我和你之间的连接是这么紧密。但我预感,情况不会一直这样下去。

成长小建议

宝宝与你一起品尝

　　早在第十周的时候，胎儿的口腔中就已经出现味觉细胞。大约从第十五周开始，他就能够品尝到羊水的味道。从第二十八周起，他就能闻到气味。再过一个月，他就能对羊水味道的变化做出反应。

　　羊水中含有气息和味道元素。如果作为准妈妈的你调整了饮食，每天摄入不同的食物，那么羊水的气息和味道也会随之变化并对宝宝产生影响。这样一来，你就为宝宝的味觉和嗅觉提供了早期的刺激，从而使他在出生之前就培养出某些偏好。研究表明，如果母亲在怀孕期间经常食用加了某种香料的食物，比如茴香，那么新生儿将会对茴香有所偏爱。

　　在你的宝宝出生之前，他可能已经对比萨、酸菜牛肉、柠檬，或是菠萝、百里香、香芹籽、咖啡甚至杏仁饼干等一系列食品有了初步的认识。你带给宝宝的是什么样的味觉体验呢？你肚子里的宝宝所品尝到、闻到的是甜甜的巧克力，还是口味浓郁的薯片？也许他已经和你一起品尝了新鲜覆盆子和成熟西红柿的美味。请别忘记：你所品尝的东西，你的宝宝也在一同品尝。

　　在妈妈肚子里就体验过各种各样味道的宝宝，出生以后会更容易接受从未吃过的食物。在未出世之前就保持着健康饮食的宝宝，以后的饮食习惯可能也会比较健康。如果你在怀孕期间经常吃胡萝卜粥，你的宝宝以后也许能比较快地喜欢上它。在表观遗传学（简而言之就是研究通过基因传递体验的学科）的研究中发现，有越来越多的证据显示父母的饮食喜好会遗传给宝宝（见第7页）。

生命初体验

当宝宝还在你肚子里的时候，他就开始大量地收集感官方面的生活体验以及各种各样的小小经历，这些体验和经历为他初步描绘出一幅这个世界的画面。

胎儿的一部分感觉器官已经开始良好运作，而另一部分则要在出生之后通过训练才能真正地大展拳脚。但是在现阶段感官就已经开始吸收养分了。感觉器官在妊娠晚期已然发育得相当健全，因而外界因素对大脑成熟所产生的影响也就越来越大。在出生的前一周，你的宝宝就已经通过感知开始参与"外界"的生活了。他加强了与你的互动："你们有没有注意到我在做体操、在拳打脚踢呢？"

反过来看，你与孩子很早就建立了联系：你给他取小名，你常常抚摩肚子，并和他说话，给他唱歌，还和准爸爸一起观察超声波图片……

万事俱备：所有感官已经切换到接收状态

早在出生之前，宝宝们就已经是有感觉能力的生命体了，他们的感官已经切换到了接收状态。人们通过实验发现，胎儿会对外界的声响做出反应。比如，当听到母亲的声音时，他的心跳速度会变慢。除了母体的声响之外，很难说究竟有多少其他的声音也能够被胎儿感觉到，但可以确定的是，在出生之后，他能够认出曾经听过的语音和语调。感官认知的程度取决于以下几个方面：

> 神经细胞的数量。
> 相关感觉器官的成熟程度。
> 不同感觉器官的相互协调（专业人士称之为交互传感整合）。
> 感官刺激传递到大脑以及被大脑加工的速度。

如果把新的感官体验和已有的体验相结合，就能提升感知的质量。因为在加工新体验的过程中会形成新的神经腱（即神经细胞之间的连接），这样一个分支越来越密集、精细的网络就在大脑中形成了。经常运用的程序以后还会生成"数据高速通道"，而使用少的连接则会被拆除。不过，婴儿的大脑对新鲜事物仍然是完全开放的。

表观遗传过程：经验的传承

来自外界的各种影响——比如运动、气候因素、紧张感或者松弛感、强烈的情绪以及饮食方式，还有长时间的营养过剩或是营养不良等——能够为我们的身体细胞编制表观遗传程序，并且能永久性改变细胞的运作方式。程序一旦编好，细胞就会通过所谓的表观遗传调度流程把信息传递给它们的子细胞。通过这一方式，一个人在早期形成的偏好不仅能够保持到老年，甚至还能通过生殖细胞传递给下一代。分子遗传学家、科学记者彼得·斯波克博士在他的《第二密码》一书中对这一现象做了令人信服的阐述。他的描述中最引人入胜的地方在于：我们绝非像我们一直以为的那样对自己的基因无计可施，借助经验和习惯，我们是能够切换"基因开关"的。同样，准爸爸、准妈妈们现在就已经可以带给孩子影响深远的体验了。

儿时学得好，到老忘不了

对外界影响反应特别敏感的不仅仅是器官成熟阶段的胎儿——尚在母体中的宝宝，出生一个月以内的婴儿也同样如此。在环境因素的影响下，宝宝的学习过程在母体中就已经展开，它能通过抑制或者激活等动作让大脑以及遗传效应发生结构性的变化。

旧日重来：回忆自己的童年

什么曾让我受益良多？什么毫无裨益？我儿时的哪些体验能给我的孩子带来帮助？在孩子出世之前，很多父母都会尽情地回想自己的童年。这可不一定是件容易的事，尤其是在可能会翻出自己伤心回忆的情况下。但这也是件值得一做的事，因为这种自我反思有助于父母与孩子相处。准爸爸、准妈妈们需要考虑几个基本问题：是只要一个孩子好，还是让孩子能在兄弟姐妹的陪伴中成长好？是在乡村生活还是在城市生活？同时涉及的还有对家庭日常生活的思考：哪些家庭传

你的孩子在出生之前就已经能体验和学习非常多的东西。

统、经验是我想要传给孩子的？日常生活的哪些过程对我来说很重要？同样需要考虑的还有基本的生活态度：我们的童年让我们拥有多少乐观精神、雄心壮志？它是否让我们变得小心谨慎，或是曾留给我们某些痛苦的回忆？

在回忆和思索的过程中，准爸爸、准妈妈们面对的是对自己产生了深远影响的东西，他们将从中得出结论：什么对孩子好，什么对孩子不太好。

在孩子刚刚出生、生活节奏紧张的那段时间，最初的决心往往会被抛在脑后，新手父母很容易又重新回到惯有的套路上去处理问题。因此，请父母们利用孩子出生前的这段时间平心静气地考虑对自己最为重要的问题，并双方达成一致。

开始啦：激素促发分娩

重要的时刻即将来临，你的宝宝就快出生啦！怀孕的过程尽管在今天已经被研究得相当透彻，但有的问题仍然悬而未决：到底是什么促发了分娩？研究认为，首要原因是激素的介入——既有宝宝的激素，也有妈妈的激素。有的人提出，胎儿在肺部发育完全之后开始产生的化学信息素在其中发挥了作用。正是这些信息素引起了母体激素的反应，从而触发了分娩。

一起聊一聊我们小时候的事儿吧！我们要把哪些东西传递给孩子呢？

出生

亲爱的妈咪，我出生啦！发生在我身上的事情真的让人难以置信。一切都变得完全不同啦！我脱离你的身体，却依然伴你左右。

强大的力量挤压着我，迫使我离开你肚子里的小窝。我以头朝下的姿势出发上路。在越来越猛烈的压力之下，我被挤按、推压着进入了一个狭窄的甬道。我必须搭一把手，和你一起努力。而你也得帮帮忙才行，并且要竭尽全力哦。我必须前进，一点一点地前进。好辛苦啊，这真是一桩最最繁重的工作。

然后我就出来了，我们成功啦！但是，我觉得自己再也不像原来那样被妥帖地照顾、保护。无限广阔的世界取代了狭小的空间，在黑暗过后突然迎来光明，在轻松悠游之后一下子变得全身沉重。而且这外头可真冷啊！我的肩膀也好疼。这里不再有边界，却让我更渴望安全感。但是要回去吗？那可不行！与此同时，我感觉身体里生出了一股巨大的力量——我想认识这个崭新的世界。

我来啦，我已抵达人世

我们现在分开了。从一体变成了两个人。我的身边不再围绕着一层保护壳。现在我必须自己喝水，自己呼吸。一回生二回熟嘛，我做得棒极了。我不仅能自己呼吸，甚至还会大哭大闹，因为我需要别人的帮助。你会来帮我吗？我必须适应这全新的生活。我觉得吧，既然我成功完成了我刚刚经历的事情，那么我一定还能做好更多的事情。我的生活将从此展开。你问我对这个新世界的看法？太震撼了，世界对我来说几乎横无际涯。让人印象深刻的事一波接一波，和我从前的生活太不一样了。很多东西我还没能理出头绪来。我会变成什么样呢？怎样做我才能适得其所？我需要你，需要你的温暖、你的温柔和亲昵。你将会帮助我迈入崭新的世界。

充满问号的世界

年轻的父母最开始想要知道的问题之一是：一个这么小的宝宝到底能对这个他刚刚来到的世界理解多少呢？

宝宝出生了——这是对所有父母而言最重要的事情。谢天谢地，一切都进行得很顺利，你可以大大地松一口气了。出生之后，宝宝小小身体里的大改造就全面展开了：突然之间宝宝必须依靠自己的力量来呼吸，调节心脏、循环系统、血压以及体温，必须食用并消化他的第一顿大餐（初乳），而且还要根据新的环境调整运动机能。出生也意味着紧张、艰辛，这一点你可以从宝宝身上看出来：在分娩过程中，宝宝的头部和身体都受到了轻度的挤压。尽管在出生之后情况很快就不再那么紧张，但降生之后的头一两个小时还是很关键的，这是一个新生儿适应生命的阶段。令人惊叹的是，大部分宝宝都以相当放松的状态经受住了各种辛劳，甚至还在一段时间内表现出很好的接受和适应能力。一些科学家认为，这是因为神经系统在激素以及分娩压力的作用下得到了刺激。

"你好，宝贝！"刚出生的孩子最需要的是时间和清静，还有你的亲近以及充分的安全感。

让宝宝慢慢地、一点一滴地了解你，了解生命。

这个神秘、陌生而巨大的世界在高速运转。但有一点可以肯定：宝宝不愿意被陌生信息碾压，不想被不确定感淹没，而是希望有人能慢慢地、小心谨慎地、一步一步地引导他进入人生。

个性鲜明的新生儿

面对与母亲的分离、自己体内发生的急剧变化以及出生这一重大转变，每个新生儿都会有不同的反应。有的宝宝会立即睁大双眼打量这个世界，他们活力四射并且很有挑战心；而另一些宝宝的目光则显得顾虑重重。如果对刚出生的婴儿做一番比较，你一眼就能发现：人们经常宣扬的那种"每个人生来都一样"的论调完全站不住脚，是纯粹的无稽之谈。事实完全不是那么一回事。每个新生儿从一开始就拥有着独特的个性，有自己的思考，对生活也有着各自的视角。这些差异主要取决于他们的基因以及在母亲肚子里时不同的体验。当然，除了各种差异之外，新生宝宝们在其他方面也有着相似的地方。

孩子的个性将如何发展，他又将通过什么样的方式找到自我，这两者与亲子关系密不可分。外部的影响、遗传的特性以及孩子自身，这些因素相互影响并且共同发挥着作用。

成长小建议

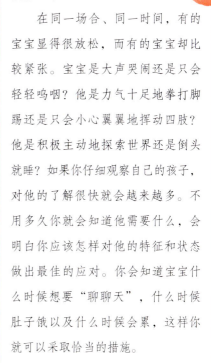

相信直觉

在同一场合、同一时间，有的宝宝显得很放松，而有的宝宝却比较紧张。宝宝是大声哭闹还是只会轻轻呜咽？他是力气十足地拳打脚踢还是只会小心翼翼地挥动四肢？他是积极主动地探索世界还是倒头就睡？如果你仔细观察自己的孩子，对他的了解很快就会越来越多。不用多久你就会知道他需要什么，会明白你应该怎样对他的特征和状态做出最佳的应对。你会知道宝宝什么时候想要"聊聊天"，什么时候肚子饿以及什么时候会累，这样你就可以采取恰当的措施。

由于天性使然，成人以及年龄较大的孩子都很乐意迎合新生儿的需求：他们下意识地与新生儿保持着理想的距离，他们自然地用比平时高的声音说话，并且大多数情况下他们都能正确理解婴儿发出的信号。父母对孩子拥有直觉性的了解，这就是他们的优势。请相信你的直觉，并细心应对孩子发出的信号。

11

我的生存需要你

亲爱的妈咪，在这个广阔无垠的世界我并不是孤单一人，而是有你紧紧地护着我。当你接过我，把我放在你温暖的怀里时，我大大松了一口气。

我躺在你温暖的胸口，你的手臂像一道堡垒似的围绕着我，保护着我，我很享受和你的亲近。当你抚摩我的脸颊时，我注意到你的手很温暖。这感觉真好。也不知为什么，我就是知道：皮肤、温暖、声音和抚摩，这一切加起来就是你。我刚到这个世界才几分钟，但我已经感觉到：你是我的一切，你是那个最重要的人。有你在身边，我就觉得很安心，因为我熟悉你。当我躺在你身边时，在这个广阔世界我就不再是孤单一人了。我觉得自己被照顾得很妥帖，几乎就和我在原来的"洞穴"里一样安全。我终于可以放松下来了。

一来到这个世界，我就看到了你。对你的信赖在帮助我熟悉那分分秒秒不停袭来的无数新感受。非常重要的一点是：你完全接受了我的一切。我的模样，我特有的脾气，我的声音，还有我的气味。我知道，你喜欢我。

第一个爱的宣言

你是宝宝世界的全部，你了解关于生活的一切，而这正是他所欠缺的知识。你和宝宝之间的关系为他提供了一个模型，展示了世界是如何运转的。

四十周的母子一体、完完全全的彼此相依，如今已经成为过去。刚刚出生的宝宝拼命努力睁开双眼，他着迷地看向你的脸庞。他满是疑惑：我到底在哪儿？他四下搜寻：你会帮助我吗？你的孩子注视着你，用他的大眼睛和你说话。这样的目光没有人能够抵抗得了。母亲不能，父亲也做不到。被这样一种充满关注、惊奇、迷恋的目光注视着，尤其是这样一双会说话的眼睛，你不由自主地笑了。宝宝用那能将你融化的小眼神对你说：请保持笑容，请一直微笑下去。这一刻是多么奇妙啊！

"可爱"的魔力

是什么让孩子的第一道目光如此吸引人呢？除了充满惊奇的眼神之外，还有那被激素扩张放大的瞳孔，这让宝宝的眼睛显得更大、更深邃，也更有神秘感。再加上大眼睛上方隆起的额头、小巧的鼻子，还有圆圆的脸颊，这就是行为研究专家康拉德·洛伦兹所说的人类和动物都拥有的"可爱模式"。这一切结合起来就增强了孩子这种奇妙的吸引力。它唤起了父母想要照顾、保护宝宝的欲望，让父母想要从始至终、永永远远地给予孩子支持和帮助，保护他们不受委屈，给他们提供生活中需要的一切，爱他们。这就是父母对孩子的一见钟情。这种伟大的爱是建立在深厚的情感之上的，而激素与基因也在孩子出生后为亲子关系的觉醒奠定了基础。无条件的信赖是这一关系的鲜明特征。孩子很快就会发现，只要他一饿一哭，或者他急需你的亲近，你招之即来，而这一体验将增强他的信赖感。如果一切都能顺利地进行，你将被幸福感和责任感席卷并淹没，你将对孩子以及他人生的起跑生出责任感，你将悉心照料他，带给他关心、亲昵和温暖，并成为他的依靠。

这种牵绊将持续很多年，虽然它会随着时间有所改变。一开始是由你来为孩子展示这个世界，将来孩子就要自己孤身上路。通常说来，再也不会有其他人能够像你这样与你的孩子共度如此亲密而悠长的时光。

安定的基础

探索世界就意味着充满好奇。宝宝与父母之间的情感纽带是他茁壮成长的根基。亲密是一个前提条件，决定着宝宝是否能够从一开始就接受并乐意尝试新鲜事物，并且能存储所有的体验。但这种亲密关系并不是从一开始就存在的，它需要父母用爱和细心来建立。对宝宝最好的一件事，就是拥有悉心引领他走入世界、给他安全感和信赖感的父母——他们能敏锐地觉察自己孩子有什么样的需求，对孩子发出的信号能主动做出恰当的反应。父母是孩子所依循的准绳，是孩子的榜样。

如果爱需要等待

如果父母对宝宝伟大的爱以及亲子之间的联系无法在宝宝出生后立刻建立起来，如果"让我们共同来看看这个世界"的想法一时间实现不了，又该怎么办呢？直到 20 世纪 80 年代，科学家始终相信：宝宝出生后的前一两个小时对亲子之间亲密关系的建立至关重要，人们称之为"黏合阶段""充满魔力的最初时刻"。大自然似乎对出生进行了设定，让正常出生的新生儿即使在经历了艰辛的分娩过程之后，仍然能在一段时间内保持高度的清醒并具备沟通能力。初生时刻这一影响深远的清醒阶段被很多发展心理学家看作激活亲子关系、培养父母对孩子感情的敏感时期，但前提是：父母能够充分利用这个"魔力时刻"来与宝宝进行第一次亲密接触。

"你是谁？你会照顾我吗？"宝宝用他好奇又充满魔力的目光打通了去往你心房的道路。

如今，"黏合阶段"对儿童成长发育的促进意义已经不再被看得那么重要。如果婴儿出生后能立刻贴着母亲的身体躺在她身旁，这当然是很好的。反过来看，这种亲密接触对年轻的父母也很有好处，这能给他们带来安全感。但是，如果把亲密接触的时间稍微延后，也不会造成太大问题，这样一来，亲子感情、亲密感的产生也会稍微顺延，这就是美国神经生物学家莉莎·艾略特提出的观点。亲子之爱有的时候需要花时间来培养，但这不是最重要的，重点在于，它迟早会到来。

建立长期的亲密关系

如果在孩子迫切需要安慰的时候，父母给予的安慰太少或者只是隔三岔五地关心一下，亲密关系会变得不稳定，这将导致婴儿出现紧张感，哪怕这种紧张感乍看之下根本觉察不出来。忽冷忽热——今天亲密，明天冷淡——会让幼小的孩子无所适从。研究表明，存在问题的亲密关系会产生长远的负面影响。在这种亲子关系中成长，婴儿以后往往会成为在社会行为以及情感发育方面颇有欠缺的问题儿童。他们与生俱来的对生活的好奇心、"我要看看这个世界"的美好愿望都会过早地受到抑制。婴儿对亲密关系的需求有着深厚的根源，很可能是基因使然。在专业人士看来，婴儿对亲密的渴望与吃饭、睡觉同样重要，它永远都不会消失，并且必须得到满足。

成长小提示

父母的督促

你将为孩子打开通向世界的大门。"你应该看看这个，还有这个你也必须知道！"这一类的任务常常被父母们搞得太过严肃认真，尤其是在如今这个时代，人们越来越早地开始对孩子进行有针对性的"督促"。请你放轻松，也请你从现在开始练习镇定自若，因为日常生活已经提供了足够的机会来刺激孩子成长。在哺乳、换尿片、玩耍和说话的时候，请满足宝宝的需求。你可能很快就会发现，孩子喜欢用"飞行姿势"俯卧在你的前臂上。直觉会告诉你，孩子什么时候需要被晃一晃、抱一抱，什么时候想要你抚摸他。请经常和孩子依偎在一起，和他说说话，给他唱唱歌，对他微笑，给他爱抚，为他按摩——当然，这些都要在他真正愿意的时候去做。你无须做得完美，不管是为宝宝解说世界还是为他提供发育所需的刺激都无须尽善尽美。在大多数情况下，你的宝宝会自己发出明确的信号，告诉你他想要什么。

我要体验人生！

亲爱的妈咪，清醒时的我每分每秒都在积累新的经验，这可真辛苦，所以我得多多地睡觉。

我要做的事情多着呢：我在听你说话，瞧瞧你的脸或者看看其他地方。我在品尝你的乳汁。我在感受你大大的手掌，它可以包裹住我的整个脑袋。这个世界对我来说充满了奇迹，让我劲头十足！我能区分出你、我，还有我们身边其他的人。

现在，刚刚到来的我想要探索这个世界。最好是马上出发！我想看，想听，想嗅闻，想品尝，还想要感受。这些事情对我来说相当刺激，也非常辛苦，所以不到一会儿我就累了。这时我就想歇一歇，暂时不愿意接纳新的信息。于是我就"关门歇业"，好好休息。休息好之后我将再次出发，全力前进！你要告诉我，在这个全新的陌生的世界里我可以体验到哪些惊险、美好和有趣的东西，越多越好！

成长小提示

最初的信号

当宝宝呜呜哭泣或是躁动不安的时候，你要知道通过轻柔的抚摩，对他说"好啦，没事啦"也许可以抚慰他。他的大吵大叫听上去是否满含抱怨、疲惫不堪？他有没有握紧小拳头？如果你能抱起他，找到正确的语调和恰当的动作来安慰他，大多数情况下他都能放松下来。

在最初的几分钟、几天和几周里，请训练自己的观察力、听力和反应能力，学会镇定而专注地去理解你的孩子。这对你和宝宝都是很有帮助的。

探索世界

你的宝宝在出生之后立刻就表现出一种强烈的需求，他想要了解这个全新的陌生的世界。

新生儿绝非仅仅忙于睡觉、吃奶、喝水和大小便。在成长的过程中，他们并非完全依赖于成年人，也并不是必须依靠成人来打开视野，了解世界的魅力所在（而这正是一个曾被长期认同的观点）。近年来的科学研究更多地表明，新生儿对世界已然有了非常敏锐的反应，恰恰是在他们表现得不怎么活跃的时候，他们打开了接收天线，切换到了密集学习状态，也就是"擦亮了双眼，竖起了耳朵"。新生儿正在向着自己的人生进发，观察着周围的环境。别看你的宝宝还这么小，他是不会让别人来给自己指定人生初始经历的。如果你让孩子自己来决定他在什么时候接收知识，什么时候不接收，那么他与生俱来的好奇心将能够得到良好的发展。

法国生物学家、心理学家和幼儿研究的先驱让·皮亚杰认为，孩子从一开始就是"现实的建设者"，他们不屈不挠地推进着自己的成长。每个孩子都想要长大，想要获得不同能力，学会各种技巧，他们的动力就是前进和参与，而推动他们的力量，正是天生的好奇心和辨别方向的能力——这两项天赋在出生后很快就会得到拓展和加强，从而让孩子更好地适应生活。现在的他们还不知道，这些影响深远的人生初体验对他们的一生起着决定性作用。

天生的洞察力

宝宝虽然刚出生不久，你却会惊讶地发现，他已经拥有了一定水平的洞察力。通过这一能力，他将学会区分可能和不可能，知道什么事情可行，什么事情又不可行。同样地，他很早就会弄明白，生活中的很多东西都是彼此相关的——也就是因果原则。此外，他已经有能力把自己和周围的环境区别开来。因而我们认为，婴儿是具备一定能力的，他们从出生第一个月开始就在努力适应这个新世界。

当然，宝宝想要在这个世界见识和体验的东西，与他在不同成长阶段的能力以及良好成长所需要的量度是相符合的。你刚刚出生的孩子把满满的信心、勇气，特别是信赖感，带到了这个世界，还凭借直觉能力呼唤你行动起来，帮助他健康成长。

全心全意感受世界

刚刚出生的宝宝已经开始收集大量的感官体验。尚未完全发育成熟但已然开始发挥作用的感觉器官以及先天行为能力，能帮助新生宝宝探索这个世界。他的眼睛在看，耳朵在听，他的内耳在调节平衡，他的舌头在品尝，嘴巴在试探，他的鼻子在嗅闻，皮肤在感受。而作为父母，在和孩子一起看、听、品尝，一起嗅闻和摸索的时候，你们能理解彼此的感受。

宝宝的大脑还必须继续发育，因为只有当相应的神经细胞完成了彼此衔接的时候，感觉器官才能够正常运作。有三个因素对大脑中的各项感官发育起着决定性作用：神经细胞的数量、细胞间的相互连接以及脂肪保护层对神经细胞轴突的包裹（即髓鞘的形成，它能让信号传导速度达到理想状态。只有在这一过程完成之后，神经细胞才能够迅速地传导信号）。这些因素决定着各个感觉器官工作的灵敏度和精确度以及不同感觉器官之间的合作程度。负责把感官刺激传导至大脑的神经末梢以及接收处理信息的相关部位，也未发育成熟。

新生儿到底能感知到哪些事物呢？这是所有婴儿研究人员都在钻研的问题。婴儿对有些刺激做出的反应准确得惊人，而对有些刺激的反应则较为迟钝。比如，在成长后期将占据主导地位的两个感官就还需要大量的时间来发育完全：其一是听觉，它和视觉一样，从一开始就在发挥作用，但远远不如视觉发育得完善；其二是触觉，它在现阶段已经发育得相当好，但仍然有待进一步发展。

成长小提示

大脑的养料

每一次抚摩、每一种声响、每一幅画面、每一种气息和味道都是大脑的"养料"。因此，请你早早地为宝宝提供健康、诱人的"美食"：厨房里飘出的咖啡香味、收音机传出的音乐、你为他吟唱的歌曲、父母之间的谈话……用不了多久，他的小手就会开始抓摸。婴儿随处都能找到感官刺激：鼻端、眼前、耳畔。新生儿还没有能力对各种刺激进行归纳，请不要急于给予他太多的信息，因为这没有好处。当信息过多而他处理不了的时候，他就会干脆罢工：他会睡过去，或者开始哭闹。

18

打量、感受、聆听……
从一开始你就在和宝宝
进行着交流。

丰富的感官新体验

　　如果把新的感官体验和已有的相结合，就可以提高宝宝的感知能力。和所有婴儿一样，你的宝宝在房门的嘎吱声、闹铃声、挠痒痒等所带来的感官体验中获得了极大的乐趣。每一个孩子都有自己的偏好，相似的是，比起缓和型的刺激，他们更喜欢密集型刺激。紧张刺激一点也不成问题，甚至本该如此，因为正是紧张刺激在促进着孩子的成长发育。在成长的过程中，有的孩子喜欢紧锣密鼓，有的则喜欢徐徐而行，但不管是看、听、闻，还是其他感觉，给孩子带来的感受都应该是比较兴奋的，并且会通过神经系统触发小小的刺痛感。

　　在接下来的几个月里，宝宝的感觉能力将慢慢地、一步一步地成长，它会变得更加完善和稳定。这为今后的学习创造了前提条件。每一个新的体验都会让神经系统传递处理信息的能力更强，让大脑更复杂化。感觉器官的运作能给大脑的发育带来积极的影响，而大脑的运作也积极影响着感觉器官的发育，两者相辅相成。

　　有时宝宝主要运用的是听觉，而有时又是嗅觉。感官之间始终是协同作用的：当你给孩子一个毛绒玩具时，他不仅能够注意到玩具的颜色，同时也能感受到柔软的绒毛并嗅到他所熟悉的气息。稍微大一点的宝宝在吮吸了某个安抚奶嘴一段时间之后，就能把它和其他奶嘴区分开来。

　　每当性质不同、强度各异的感官刺激在宝宝的大脑中相互结合的时候，宝宝的视野就得到了拓展。感觉器官的运作在一步一步地为他打开通往世界的大门。

我的听力很好哦

亲爱的妈咪，我从一开始就拥有良好的听力，这能帮助我迅速地在这个世界摸清头绪。

还在你肚子里的时候，我就已经练习过"偷听"和"倾听"这两门技术了。因此，我认得你的嗓音。即使现在到了外头，你的嗓音虽然和我在你肚子里听起来不大一样，我也能辨认出来。当你和我说话的时候，你的嗓音有着独特的声调和特别的旋律。它是我耳中早已熟悉的"音乐"，它比其他的一切声响和音调都要有趣得多。在你夸奖我的时候，我很喜欢听你说话。当然，你说的话我一个字也听不懂，但我能感觉到你在说我的好话。当你谈论着我的小圆肚子时，当你谈论我丁点儿大的小手指、漂亮的耳朵和细小的双腿时，我能感觉到你喜欢我的长相。对我来说，最重要的是你能留在我身旁继续说下去。你轻轻地、温柔地和我说着话。我很喜爱这个轻柔的语调，我也能理解它。你的话语既让我安心，又让我兴奋而好奇，正如你给我唱的歌曲、你抚过我身体的手掌那样。如果有什么事情我还没有搞清楚，我会格外努力地仔细聆听。

我不仅能辨认出你的声音，我甚至还能听得出你在给我讲述什么事情。那些我曾在你肚子里经常听到的，比如你跟我说话时的韵律和哼唱的歌曲等，我对它们的喜爱要远远超过其他陌生的声响。

听觉：全靠锻炼

刚开始的时候，"听"远比"看"要进行得更为顺利，因为孩子在孕期的后期就已经开始锻炼听力了。

尽管在听觉方面已经进行过锻炼，但宝宝在出生后仍然必须继续训练听力，这样才能让听觉发育完全。对于听觉以及大脑中负责加工新印象的各个区域来说，锻炼相当于"腐殖质"。研究专家不仅仅把新生儿独特的听力定义为实用的定位辅助工具，也把它看作出生之前的"学习"成果。一个有力证明就是刚出生的孩子更喜欢听自己的母语而不是外语。不过，现在的他有能力完美无瑕地学习世界上任何一种语言。他现在已经意识到了语言的两个显著特征：字词的重音以及字词之间的停顿。新生的婴儿在他最初的发声中就已再现了他的母语语调。举例来说，法国宝宝发出的语音是升调的，而德国宝宝发出的语音则多为降调，这符合他们各自的母语特征。

听觉、视觉这一类的感官体验会在神经系统中彼此融合，但会被分别储存。即使是新生儿也会把他听到的和看到的东西结合起来，这样他就能知道他听到的声音和他看到的脸是否匹配。当你和宝宝说话的时候，他很快就能从你的语调中发现你的心情是好是坏，知道你是疲惫还是神采奕奕，是轻松自在还是紧张焦虑。婴儿在早期就已经精于此道，他们擅长分辨声音中的调子。你所表达的情感以及你的行为都是宝宝的指南针，你的情绪状态也就是他的情绪状态，因为他首先是通过你的耳朵和眼睛来聆听、打量这个世界的。

成长小建议

促进听觉

请你下意识地带着感情去刺激宝宝的听觉。可以用轻柔的嗓音和他说话，有时低声有时响亮地吹口哨，用笛子吹出最高音；也可以时而高歌，时而轻唱，让声音有时柔和，有时硬朗……不管你是要演唱或演奏《小儿郎》还是《小蜜蜂》，你唱得是好是坏也无所谓，五花八门的音调才是重点所在。直接开口唱就可以了。重温以前的儿歌也是一件很有趣的事情。你能否成功地唤起刚出生的宝宝对更多声响和音调的好奇心？或者，宝宝的注意力很快就消失了（这其实在幼小的婴儿中是很常见的）？

虽然有点模糊，但我看见你啦！

亲爱的妈咪，你问我最开始能看见些什么？看不到太多。我对这个世界的第一印象是：相当模糊，一片混沌。

我看见的东西都挺模糊的，还不太清晰明了，但我对此并不太介意。你的脸在我的视野中也是模糊的。我最喜欢用目光抚过你脸颊的轮廓，尤其是你前额与头发之间的那条纹路，我已经能够很好地识别它。当你看着我时，对我微笑时，我都会知道，我都能感觉得到，也因此非常开心。但让我真正地看东西，我还做不好。不过当你做鬼脸吸引我的注意力时，我还是能够察觉到的。我能看到你挤眉弄眼、张大嘴巴。我们有时还会深深地注视彼此。

除了你的脸，我还喜欢看些什么呢？我还喜欢看画出来的面孔：两个黑黑的圆点是眼睛，一个大大的圆点是嘴巴。比起色彩单一或者灰蒙蒙的东西来，我更喜爱有图案的、五彩缤纷的事物。我喜欢看圆圆的东西，而不是方方正正的。我的目光喜欢追着移动的东西跑，相反，一动不动的东西我就不太感兴趣啦！

成长小建议

宝宝爱看脸

比起图案或者其他的视觉刺激来，你的宝宝更喜欢看脸。从一开始他就能分辨有生命的和没生命的物体。婴儿研究专家麦瑟尔德·帕波塞克以及哈纳斯·帕波塞克研究认为，当婴儿看向熟悉的大人时，后者会不自觉地回应他一个"问候的表情"。大人们会睁大双眼，嘴巴做出"啊"或者"哦"的口形，眉毛也会高高挑起。

请你不妨一试：新生的宝宝对真实的脸与画出来的脸会做出什么样的反应？什么能唤起他的兴趣？什么又让他无动于衷？

我喜欢浓烈的
色彩：蓝色、红色、绿色、
橙色……浅淡的颜色我还看不
太清楚，但我的眼睛很快也会学会看
清楚浅色东西。最近这段时间，你拿着一个
红色的小球在我眼前从一边移动到另一边，我能够
追着球看。当你把小球慢慢地从上至下又从下至上地移动
时，我的眼睛也能跟得上它。有的时候小球溜出了我的视线，我就
得用双眼重新去"捕捉"它。你经常能发现这一情况，于是会把小球移
动得再慢一点点。如果有好玩的东西，我会看过去；如果看到的东西
挺没意思，我又会移开目光。当我想睡觉的时候，我会"关门歇业"，
切断新世界里所有向我涌来的信息，甚至对脸庞也暂时提不起兴
趣。我闭上双眼，要睡上一小会儿。当我再次睁开眼睛的时候，
我就又能继续探索新天地啦！我会清楚地告诉你：我想要看更多
东西。

**我的眼睛每天都能看到新世界里更多
的东西！**

视觉：熟能生巧！

当刚出生的宝宝看过来时、当他用目光对你做出回应时，所有的父母都想知道：这双大大的眼睛到底看到了些什么呢？

还在母亲体内的时候，宝宝大脑中神经细胞之间的第一批连接——神经腱——已经开始形成，其中也包括视觉皮层。视觉皮层是大脑皮层中负责视觉的相应部位。在出生之后，宝宝接收的每一个视觉刺激都会形成新的连接，每天会有数量惊人、数以兆计的连接产生。在出生的第一周内，神经细胞网中的这些新连接在高负荷运作，集中处理被新生儿贪婪吸收的、如激流般奔涌的视觉印象。

宝宝眼中的世界仍然还很模糊，视觉也只能在有限的范围内发挥作用，你的孩子可以说是既近视又远视。但这也有好处：如果宝宝现在就能够把周围的环境看得一清二楚，那么很快就会出现刺激过多以及负荷过重的问题。

"小东西，看着我的眼睛吧！"宝宝已经可以识别你问候的表情，用不了多久他将能够做出回应。

宝宝最初的视野是很有限的，这能保护他不负担过多的视觉刺激。

你的宝宝能看得多清楚？

在很长一段时间里人们一直认为，婴儿至少能够在吃奶的时候基本看清楚自己母亲的脸，这是大自然的精妙安排。然而今天的一些研究者对这一观点给予了否定，他们认为新生儿的视物模糊是普遍性的。而另一些研究者则仍然持着原来的观点，认为在20厘米到25厘米左右的距离内，新生儿可以基本看清母亲的脸庞。因而，成人俯向宝宝时会下意识让自己和宝宝的小脸蛋之间的距离维持在这个范围之内。有迹象表明，在出生后最初的几天里，宝宝的睫状肌还不能完全正常地工作。这条肌肉能改变晶状体的屈光力，而屈光力管辖的是近距离和远距离物体的"对焦"。

要看的东西太多了

刚开始的时候，你的孩子对世界的视觉感知可能比较朦胧，他还不能将目光固定在他所看见的物体上。为了让视觉完全成熟，需要广泛地对其进行刺激。这一工作并不需要刻意进行，因为这个世界上有太多东西可以看：妈妈的脸庞、爸爸的脸庞、玩具闹钟、红色气球等等。眼睛以及大脑中与视觉相关的神经细胞在最初阶段尚未成熟，覆盖得并不严密。只有当它们变成复杂的神经网络之后，宝宝才能够越来越好地加工丰富多样的视觉刺激和信号。在对四到六周大的婴儿做健康检查的时候，医生也会检测这项发育是否一切正常。

成长小建议

眼部肌肉的控制

新生儿的眼睛只能够慢慢地来回转动，眼睛的立体视觉以及其他功能还有待继续发育。如果你把一面摇鼓或者其他玩具在婴儿的眼前来回摆动，婴儿虽然会非常努力地用眼睛追着看，但却徒劳无功。还需要等上一段时间，他的目光才能跟得上玩具，请你不要急于求成，要给予宝宝充分的时间。用不了多久，大多数的宝宝就会开始关注他的小床、小桌子上方轻轻晃动的物体了。

完美的协作

画面无所不在：在电视里、电脑里、广告牌上……今天，画面的重要性以及数量都超过了以往任何时期。要处理这些画面就需要运用视觉。谁能仔细、耐心地去看，去锻炼他的视觉感知能力——间接地也锻炼了他自己的思维能力——谁就会一步一步地对看到的事物形成自己的判断。宝宝们从一开始就在通过眼睛的漫游锻炼这一技能。

同样，宝宝的双眼还必须进一步培养出完美的"协作"能力，因此宝宝们在最开始的几周乃至几个月里有时候看上去似乎有点斜视。如果眼位没有其他不正常的情况，那么一般情况下无须担忧。如果到六个月的时候宝宝仍然没有摆脱斜视，那就应该带他去看儿科医生了。

眼睛的外观也在改变

新生宝宝的眼睛还需要一段时间才能从分娩的辛苦劳顿中恢复过来，并适应"外边"的新环境。产道的强大压力使得眼睛周围的敏感组织肿胀起来，大多会在出生后的几个小时内恢复正常。

另外，新生儿会非常频繁地眨眼睛，因为内眼角突出的皮肤褶皱让他们不舒服。（这一阶段过后，婴儿的眨眼频率将低于成人，大致每分钟四次。）

所有宝宝都是蓝眼睛吗？

在欧洲和北美洲，除了少数特例之外，大部分新生儿的眼睛的确都是蓝色的。这是因为虹膜的色素沉积得还不够多，黑色素是快要分娩时才开始形成的。新生儿眼睛的颜色仍然在不断发育，一般来说最终会在一岁到两岁之间确定下来。

大量刺激性的视觉活动让宝宝的视力发育成熟。

人生有着什么样的气息和味道呢？

亲爱的妈咪，从第一天开始我就已经能够非常好地嗅到气味并品尝滋味了。这两个本领我已经在你的肚子里练习过了。

当我躺在你的胸前时，我的鼻子会把我带到你气息最浓郁的地方。我会找到你的乳头开始吮吸，享受奶水甜甜的滋味。我能很好地识别你的气味，你真好闻，就像我出生前在里头游泳的那种液体一样好闻。乳头的作用我知道得一清二楚，吮吸的动作我可是在你的肚子里练习了好几个星期呢。我试探着，吮吸一会儿，停一会儿，又继续吮吸。吮吸、喝奶对我来说可是驾轻就熟。探出头

喝奶，感受你温暖柔软的双手抱着我、抚摩我，这一切加在一起就叫作舒适安逸。

奶水甜甜的味道和怡人的气息让我喜欢极了。它喝起来也同样有你的味道，和我出生前喝到的液体是一个味儿。你想知道我是不是在吮吸的同时还在听，还在观察我周围的动静？一般不会。一次做一件事情对我来说就足够了，尤其是在做吃奶这件事情的时候。所以，在吃奶的时候我会闭上眼睛，除了吮吸、吞咽、嗅闻和品尝，别的事我一概不加理会。

嗅闻，品尝：
一切都是新的，一切都不一样吗？

宝宝一出生就会清楚地向你展示：他早已知道什么东西好闻、好吃，而什么东西却不好。

怎样才能识别宝宝的偏好呢？对怡人的气味和可口的滋味，他的反应是放松的；对不好的气味和滋味，他会显得不耐烦，甚至会做鬼脸。举例来说，苦味的东西不合新生儿的口味，而甜食他们则非常喜欢。所有的孩子都是带着对甜食的偏好降临人世的。(这可以保护稚龄儿童不受野生浆果或其他植物毒素的伤害，因为自然界中一切有毒的东西都是不带甜味的。)母乳能唤起孩子的幸福感。当婴儿开始吮吸，他会明显放松下来，他的脉搏也会放慢。甜甜的母乳以及靠在母亲的身边让孩子感到平静而满足。

难以忘记的感官印象

嗅觉和味觉的体验会被直接传送到宝宝大脑中负责记忆和感受的区域。这意味着：好的嗅觉以及味觉印象等同于良好的感受和记忆。你大概也熟悉这样一种情况：比起其他的事物——比如你曾经时常听到的歌曲——一份早已忘却的气味能够更加生动直接地让人回忆起当初的情景。

在这里，宝宝的世界一切正常，他在"吸取"着大量的信赖感。

并非直觉，而是经验

由于婴儿在出生之前就已经熟悉了母体的气息和味道，因而在出生后他并不是凭借直觉，而是根据经验循着气味找到母亲的乳头吮吸。嘴唇一含住乳头，他就马上开始吸吮和吞咽。吸吮反应和吞咽反应是两项复杂的、即刻就开始运作的运动机能，其作用是保障婴儿的存活。

学习分辨和发现新鲜事物

刚出生不久的婴儿虽然已经能够把自己母亲的气息和其他女性的气息区别开来，但他们的嗅觉和味觉仍然很不完善，还有待进一步发育。

另外，美国神经生物学家、畅销作家丽莎·艾略特研究认为：相对于男孩子来说，女孩子对哺乳时期母亲的气味有着更敏锐的反应，女孩子在出生的第一天就远比男孩子更善于识别气味。女性们终生都拥有"更优良的鼻子"。据推测，性激素是导致这一差别的原因。

你的宝宝在紧锣密鼓地采集新世界的各种印象。无数单一的感受以及全部感觉器官的认知（包括嗅闻和品尝）最终将汇成一幅关于他自己以及这个世界的整体画面，这样他就朝着复杂性思维迈出了最关键的第一步，但这是后话了。

成长小建议

嗅觉测试

在婴儿床的床头两侧固定两条围巾，右边那一条是你自己围过的（注意要有浓烈的香水味），而左边那一条是别人用过的。观察你的宝宝：他是否对其中一条围巾格外感兴趣并且靠拢过去？又或者他此时有点心不在焉？请别忘了事后要马上拿走围巾，因为出于安全考虑，婴儿床上不应该有任何多余物品。

所有感官的发育都需要丰富的体验和时间。

我摸索着迈入人生

亲爱的妈咪，我喜欢躺在你的胸口和你的肚子上，皮肤贴着皮肤。我想要感受一切，享受一切。我要仔细体会人生。

成长小建议

童年总是新奇的

这个世界对于宝宝来说，有时吵闹，有时安静，缤纷多彩且鲜明生动，时而宏伟时而细腻，总让人觉得新奇，觉得和原来不一样。每一种气息、每一种味道、每一幅画面和每一个声响都连接着相应的感受，并且又反过来引发种种情感：欢喜、害怕、乐趣、讶异……有的情感清晰，有的却很模糊。你可以努力把宝宝的童年打造成他的感官乐园，并一直保持下去，让它新奇、值得探索、不同寻常、引人入胜。该怎么做呢？你可以尽早让宝宝去嗅一嗅雨的气息，体验风的感受，了解寒冷（冰块、雪球），闻一闻新鲜出炉的糕点、感觉一下光滑的瓷砖和潮湿的抹布。不管在哪里，你都能从身边找到能够训练宝宝感官的游戏工具。

在你身边真是又温暖又惬意。我能感觉到你用手臂托着我，你的双手像一张温暖的大被子盖在我的肚子上。你轻柔地按摩着我。我很喜欢这样的触摸，在享受你细心的按压时，我放松着自己。当你亲吻我或温柔地搂抱着我的时候，我感觉好极了。你的抚摩以及把我抱进怀里的温暖亲密会帮助我发育成长。过了一会儿，我"饱了"，我会把脑袋移开，借助这个动作来通知你。不需要言语你也能明白我的意思，知道我这个时候已经体验得够多了。

我能记住舒服的触摸和感觉体验，而不舒服的事情大多很快就会被抛在脑后。触摸与被触摸，这是不是我们最喜欢的游戏呢？

触觉：一种独特的体验

皮肤是人体内部与外部的界限，它在保护身体不受寒冷和潮湿侵害的同时还具备更多的功能。通过触摸，宝宝能够建立起与世界的联系。

寒冷的、温暖的，粗糙的、平滑的，软的、硬的……皮肤在不断为我们传递着周围环境的信息。这个工作从一开始就在进行——你的宝宝在出生的时候就拥有了数百万极其微小的皮肤传感器。如果把在手指尖上一平方厘米范围内的神经传导束衔接在一起，其长度将达数米。

通过皮肤中这些极其细腻的"感觉器"的帮助，你的孩子能够感知到触碰和触感。这些感知会被传送到大脑中，并在那里进行处理。刚出生的时候，孩子的触觉虽然并不完善，但已比视觉等其他一些感官更训练有素。这意味着你刚出生的宝宝从一开始就能够通过触觉细腻地感知你的抚摸。他能感觉到你的手臂在搂着他，你的手在托着他的脑袋，你的呼吸吹得他脖子痒痒的，你的手指在掠过他的头发。此外，肢体接触也意味着亲近、温暖、安全以及父母与孩子之间的爱。这一点我们已经在"亲密关系"这个话题中谈到过。肢体接触带给人安全感和脉脉温情，它有助于宝宝自信的形成。

内与外

皮肤可以说是体内与外界的隔板。它是宝宝在母体内就已经使用过的第一个感觉器官，且永远是全身面积最大的感觉器官。触摸动作会传递给大脑一个关于自己身体的概念：内与外之间的界限在哪里？大脑在学习有效地控制动作，并且把不同触觉刺激融汇起来。通过这种方式，孩子逐渐对自身以及周围环境产生了一个精确、完整的设想。

虽然刚出生不久，但婴儿似乎已经模糊地知道他所感觉到的东西中哪些是自身的一部分，比如说：这是我的手、我的大拇指；自己触摸自己的时候和别人触摸我的时候感觉不一样。这些最初的身体体验为婴儿自我人格的发展奠定了基础。

成长小提示

天使般的微笑

在出生后的头几天里，孩子的脸上越来越频繁地掠过笑意，往往是在睡觉前、睡觉中或是醒过来的时候。这个微笑还不太成熟，却很精巧、很美妙。婴儿甚至会在闭着眼睛的时候微笑。对于父母来说，这并不像某些专业人士宣称的那样只是一种反射性动作，而是一个能让他们快乐、让他们赞叹的奇迹。

随着孩子的大脑越来越成熟，最初的这种打动人心的美妙微笑会越来越少。要想看到孩子做出"真正"的微笑——专家贴切地称之为"社交微笑"，父母还必须等到宝宝出生第六周或者第八周。对父母来说，孩子的每一个微笑都是一种确认，说明他一切都好，身心都健康。这样的回应恰恰是父母在最初几个月里非常需要的，这能给他们带来安全感。

一项艰辛的成长

这是你的宝宝现在还没有掌握、在以后将会学到的一课：别人是在怎样抚摸我呢？是非常轻柔地还是比较有力地（抚摸）？用的是整个手掌还是只用手指？这样细腻的差别宝宝暂时还区分不出来。

此外，他也回答不了"在哪儿"这个问题：别人正在抚摸我的脚背还是脚心？你的宝宝尚且需要一段时间才能辨别出具体的身体部位。在此之前，请你多多地刺激孩子，让他不断成长。

触觉的发育是由上而下的，也就是从头部往脚部的方向展开，运动机能的情形也是一样的（见第35页）。因此，新生儿感受能力最好的部位是嘴巴，他能够相当完美地调整嘴唇和舌头的动作来适应乳头。

抚摸：宁可过多也不能太少

人们发现，如果早产儿每天能感受到几个小时父母的温情对待——比如依偎在父母胸前——他们会比其他较少体验到温情的早产儿更加迅速地适应生活。

对你的宝宝来说，最美好的事情是光着身子躺在妈妈或者爸爸的肌肤上。

亲密和温情，依偎和拥抱：肢体接触是生活必需品。

抚摩可以起到安抚或者活跃的作用，但前提条件是：宝宝当前乐于接受。宝宝想要被有规律地抚摩，这不仅仅让他感觉舒服，由于抚摩具有提升皮肤敏感度等作用，它还能刺激宝宝的成长。相反，不乐于接受状态下的宝宝既不愿意亲热也不愿意被抱起来。这时的他们很难通过抚摩镇定下来或者活跃起来。当宝宝觉得抚摩的力度过强或是反差太大的时候，舒服地抚摩也可能变得讨厌——肚子和腿可以按摩，而手臂却应该轻柔地触碰。如果温存的爱抚变成没完没了的碰触，这也是不舒服的。如果成年人——不管是孩子的父母还是其他人——没有意识到或者不重视宝宝发出的信号，那么宝宝会很快地缩成一团，也可能会变得紧张并且开始哭闹。

充分的皮肤接触对每一个孩子的健康成长都是必不可少的，频率最好维持在适度的范围内，以尽可能地满足小家伙们的需求。因此，请你密切关注你的宝宝所发出的信号！另外，很多宝宝大多是在紧张不安、对这个世界不太适应的时候才会主动寻求肢体接触。这个时候他们想要与大人依偎、亲近，想要获取温暖。

我动起来啦！

亲爱的妈咪，我已经开始朝着四面八方动个不停。虽然我的动作仍然还是断断续续的，而且也不是每一次都能像我想要的那样，但我会练习再练习！

虽然我还这么小，但我会的东西已经有好几样了：我能伸展身体，屈伸四肢。我做得可好啦，就仿佛已经训练过很长很长时间似的。这些动作我统统在你的肚子里练习过了，那个时候你肚子里还有足够的空间。我坚持不懈，反复训练。

我最喜欢的事情是，每次给我洗完澡之后，你把我光着身子放在小床上换尿片，上方是一盏散发着温暖光芒的灯，而你则轻轻地抚摩着我。我喜欢仰面躺着手舞足蹈地玩一会儿，我喜欢这样。我这么喜欢手舞足蹈，也许是因为现在有更多的空间来做体操了，这让我非常开心。

不久之后，你把我翻过身来，让我俯卧着。我惊讶了，因为现在我是通过另一个视角来看世界。俯卧着的我装出好像能够爬行的样子。但是我不习惯俯卧的姿势，可能因此也觉得不太舒服。我嘟囔着抱怨几声，你知道我想干什么，于是又把我抱起来，让我重新仰躺着。

你想不想看看我还会些什么？我还会把手伸进嘴里去，我会抓起你的手紧紧握住。我已经很有力气了，这让我很欢喜。

运动机能在茁壮成长

你的宝宝借助运动机能继续收集着人生体验：他的每一个动作都在促进大脑中相应区域的发育。

你的宝宝调动着全身所有的部位，他想用指尖、掌心和小脚来了解世界、探索人生。一开始最主要的是头部和眼睛的活动，而宝宝手臂、腿部的踢打以及身体的伸展等动作都还没有明确的目的性。在他最开始的练习中，他努力调整自己的行动来适应"外面"的生活，比如他需要适应重力和空气等等。从一开始他就对刺激有反应：他会伸手抓取，会爬行，会在空中迈步，做出游泳的动作，被触摸时他会转过脑袋。宝宝动作的花样在最初阶段还非常有限，而随着宝宝越来越频繁地达到目的，取得成功，他的动作就会明显地越来越细腻。有些动作不如说是反射，是预备阶段，它们今后会暂时消失，将来的某天又会以更有针对性的形式重新出现，而有些动作很早就会发生变化。

特别有意思的是孩子早期的握拳动作——当你碰触宝宝的手掌心时，他会不由自主地握住并抓紧手里的东西。有时候他握住的是妈妈的手，有时是爸爸的，他会发觉：这只手和那只手感觉不一样。他会根据手中物体的不同而调整动作，有时握得松一些，有时紧一点。他似乎也对"乏味"颇有体会：如果你把同一个圈圈接连好几次递给他，他抓握的动作最后会变得短暂而松弛。换一个东西给他，他又会紧紧握在手里。每个孩子的动作都不相同：有的孩子动作比较流畅，有的则较为僵硬；有人好动，有人喜静。他们收集到的体验都会被存储起来。

抓取这一类的儿童反射性动作婴儿会在体检的时候进行检查。

我脑子里的事情可真不少！

虽然我还只是一个小不点儿，但我脑子里边已经装了很多事情。我现在需要应付各种各样的感觉。

现在你对我有了更多的了解，你知道我有时心情好，有时情绪糟。我现在得喝一点点药汁。药汁又苦又凉，真难喝！我一边抵抗一边喊叫。这时，你把我抱进怀里喂奶。奶水的味道比药汁好，喝奶真好。于是我的心情又好起来了，并且对我的生活深表满意。过了一会儿，你把我放在小床上，给我脱掉衣服，解开尿片。虽然我并不觉得冷，但仍然会感到不舒服。而且今天我恰好不愿意脱衣服，所以我开始哭闹。你安抚着我，把柔软的毛巾盖在我身上，把我抱进浴室并把我放进澡盆里。知道吗？我瞬间得救啦！洗澡水暖暖的，真舒服。在水里我感觉安稳又自在。我手舞足蹈，享受人生。

成长小提示

大把的新感觉

在拥有了诸如舒服和不舒服这一类最为早期的感受之后，宝宝很快还会有吃惊、好奇、高兴、伤心、生气等情绪。这些感受主要通过表情显示出来。你不仅要学习怎样诠释宝宝的各种叫喊声，还要学会理解他的脸部表情：放松的小脸蛋儿明显是在告诉你一切都好；眼神中略带犹豫，可能是意味着吃惊。你的宝宝用自己的方式表达着他的情感。如果你能够用心对待、耐心钻研，你将很快学会理解宝宝的独特信号。

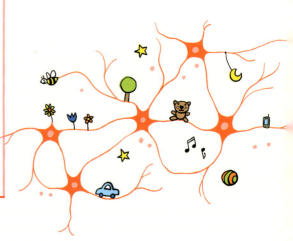

感受：指引方向的罗盘

新生儿的脑子里不会有太多事情吧？这个观点被研究者们认为是大错特错的。他们指出，婴儿是拥有一些独特能力的。

刚出生的婴儿真的已经具备各种感受了吗？可以肯定的是，大脑中负责情感的网络，也就是所谓的大脑边缘系统，在婴儿出生之前就已经开始发挥作用了。婴儿的右脑深受他们在亲情和信任方面的最初体验之影响。大脑的这个区域负责的是感受：一方面是他人带给婴儿的感受，婴儿常常在无意识中受到它的影响；另一方面则是婴儿针对自身的感受以及婴儿传播给他人的感受。大多数科学家认为，新生儿已经具备了感受的概念，他们至少已经见识到了内心的兴奋情绪。这一点你一定可以从自家孩子身上看出来，因为他会借助手势和表情来表现自己的精神状态。比如，握紧的拳头意味着"压力好大，我应付不过来"，伸展着肢体则表示"我感觉很不错"。

精神生活的展开

从一开始，你的宝宝就把他最初通过触摸得到的感受——粗糙、坚硬、柔软、冰冷等——划分成舒服和不舒服两大类，这就为"我很好"或是"我挺糟"这样的感觉奠定了基础。舒服的感觉带来安全感，并且会鼓励宝宝"继续下去"；不好的感觉会给宝宝造成不安，甚至可能会引发恐惧感，让宝宝迷茫无措。

资深婴儿研究专家约翰·鲍比与唐纳德·威尼科特早在半个多世纪之前就已认识到：婴儿不仅能感受到某些情绪，还从一开始就拥有了精神生活，对周围环境的体验同样深深影响着他们。不过新生儿的感受尚未具备条理性，是杂乱混沌的，这样的情感是一种原始状态，是不能和低龄儿童已经能初步受到生活经验影响的情感相比的。

感受是一枚不可缺少的罗盘，它能辨明方向并且指出前行的道路。这枚罗盘会提出建议，指出什么应该仔细地观察而什么不需要太过关注。这些感受能帮助宝宝在人生的道路上确定航向。

与生俱来的基本情感

很多现象表明，某些由基因决定的基本情感在婴儿出生时就已经设置完成。婴儿从一开始就能够感受并表达诸如恼火、害怕、伤心、快乐、厌恶以及吃惊等情绪。科学家们推测，这是因为在进化过程中这些情绪被证实为是有用的。大脑边缘系统（见第37页）对来自外部的刺激进行加工、归纳，并在必要的时候引起适当的肢体反应（比如流汗、打寒战或心跳加速等）。婴儿能非常迅速地学会针对引发不同情绪的刺激做出适当的反应。

全新的一切趣味盎然

从前，很多人都把孩子出生后的最初几个月称为"傻乎乎的季度"，如今却没人坚持这一说法了。现在大家知道，新生儿绝对不是只会遵从反射的生物，他们从一开始就展现出惊人的主动性。生物学家们认为，婴儿在紧锣密鼓地解决着两项重要任务：成长以及大脑的进一步发育。

新刺激的"指挥者"

朝向反射在非常早的阶段就已经出现了。它有着神经生物学的根源：德国心理生理学家恩斯特·珀佩尔认为，我们的大脑每三秒钟就会开辟出一个新的时间段，用来确定世界上又出现了什么新的东西。通过这种节奏的调控，出生仅仅数周的婴儿会在清醒且有接受能力的时候反射性地投入到一切新的外部刺激中去。这时他们会中断正在做的事情，比如吃奶或者其他事情。他们对新刺激的辨识速度有的迅速，有的迟缓，这取决于新刺激的复杂性与新颖度。在朝向反射之后，大多会紧跟着一个处理阶段。在这个阶段，先前被中断的事情又会继续进行，一直到刺激被稳妥地处理。往往在这之后又是一个新的、有时比较短暂的朝向反射与刺激处理的循环。在他所熟悉的"哺乳"情境下，孩子的大脑继续处理着新的刺激，同时他也开始适应这些刺激。心理学家把这种适应看作是一种简单的学习方式。在这个过程中，随着多次重复，对刺激所产生的反应会逐渐减弱。

上述这些反应在孩子出生后最初的几天里就已经可以观察到。在测试中，婴儿已经能够把他偏爱的新刺激形式，比如一幅画或者一首曲子，通过一个特制的、压敏型奶嘴"吮吸过来"。

如果某个东西因为太吵闹或者太杂乱而让婴儿感觉不舒服，或者让他感到害怕，那么在大多数情况下他会反射性地把目光从外界收回来，转向爸爸和妈妈寻求保护和安全感。熟悉之人平和的嗓音以及母亲的心跳声都可以对婴儿起到安抚作用。心理生理学家们猜测，这里表现出了一种同样基于生物学原因的防御反应，它与上文描述的朝向反射起着相反的作用。这样一来，即使是不舒服的事情孩子也可以适应。

每个新体验都能产生效果

当大脑还处于早期发育阶段的时候，新的体验与印象就已经让大脑中的神经细胞之间不断地产生新连接（神经腱）。经常重复的、特别有意思的或者是孩子喜爱的体验能促使大脑产生相应的稳定联系。经常体验的以及印象特别深的事情会被储存起来，也就是熟能生巧。很少重复以及印象薄弱的事情则不会留下深刻的痕迹。

"喂，你到底是谁啊？"每次新的相遇都会激活宝宝大脑中新连接的形成。

人生第一季

眼神间的模糊交流

起始阶段已经胜利度过了！
你的宝宝开始收集生活的入门经验，
而你正是他收集过程中的好帮手。
这对他今后的成长很有助益。

我的世界是否依旧是一团乱麻？

亲爱的妈咪，我的生活有它的节奏，而整个世界也有它的秩序。对于这一点，我现在慢慢开始有所了解了。

我现在已经可以在一段时间内保持清醒，不过我坚持不了太长时间。当我醒来的时候，有时周围一片漆黑，而有时却很亮堂。我并不是在每一次醒过来的时候马上就能够精神十足，很多时候依旧半梦半醒。这种反反复复让我挺混乱的，而且很累。你能不能帮助我整理好这一团乱麻？

睡觉也是我必须学习的事情

这个世界对我来说是一场精彩的游戏，不断地有新事物可以看、听、嗅闻和感觉。我所在的地方是崭新体验的海洋，是成千上万各种印象的丛林，一眼看不到头，非常庞大，而我只能够发现并辨认出一些清晰的形状、线条和平面。在我的周围有吱吱声、丁零声、敲打声、沙沙声和嘎嘎声……真不知道这都是些什么玩意儿。

另外，我还在探索我自己：我的手指和双腿可以怎么动？我什么时候舒服，什么时候又不舒服？

成长小提示

一睡到底

白天精神抖擞地探索世界，晚上呼呼大睡，这个节奏并不是所有宝宝都能够自发地遵循。婴儿们必须学会一睡到底。请你支持宝宝这一习惯的学习和养成，你可以这样做：

> 为你的宝宝提供一个尽可能固定的日常作息规律的环境。

> 如果可能的话，尽量减少他身边的刺激量，比如噪音和刺眼的灯光，不要总是开着电视机或者收音机，也不要过于频繁地邀请亲朋好友到家里来看孩子。

> 定下固定的活动时间，比如在每天中午的同一时间外出散步，等等。

因为不得不应对这么多的新鲜事物，我常常会躁动不安、觉得疲劳，因此我必须多多地睡觉，这样才能补充新的能量。但这并不是每次都能做到的，我常常难以入睡，或者睡了很快就会醒过来——这个时候你得帮我重新入睡。你可以摇摇我、抚摩我，然后再把我放回床上去。如果你经常这么做，我就会更快搞明白：情况就是这么一回事，而且也会一直这样。睡觉时间的临近，意味着从现在开始要安静下来，不可以再玩耍了。但有一点可以肯定：你总是会不断地回到我的身边。如果我饿了，就可以吃奶；如果天黑了，我就要去睡觉。这些事我会慢慢地明白过来。

感受生活是一件挺刺激的事儿。可是我也因此需要很多的能量。

醒与睡的交替变化

你的宝宝正在做着练习，想要找到清醒与睡眠之间的节奏。每一个孩子都有着不同的脾气，因此他们有着各不相同的需求。

每个孩子的适应过程所需要的时间是长短不一的。所有父母当然都希望自己的宝宝能有一个时间基本均衡分配的日夜作息规律，但在清醒与睡眠达到平衡并且形成规律之前还需要一定的时间。每个孩子都会在某个时刻发现：夜晚很安静，没有东西可看；充斥在地球上的并非是一大团的混乱，而世界也不是无边无际的，它有自己的界限；白天很嘈杂，也可以看到很多东西。宝宝会感觉到日常生活是有秩序的。

在第一个季度里，大部分婴儿的日常生活还谈不上有规律。在二十四小时之内，婴儿会在醒与睡之间反复六到八次左右。宝宝什么时候醒来、什么时候睡觉都是根据他的饮食需求来调节的，但父母的生活习惯对此也有影响。宝宝的机体组织正紧张地忙碌于调整他身体的感觉以及当前的健康状态。最初，你的宝宝很难完成从一个状态到另一个状态之间的过渡。所有父母都会有这样的经验：过于

请经常观察一下你睡梦中的宝宝，感受你对他的爱，这会在喧嚣的日子里带给你力量。

疲劳的宝宝恰恰难以入睡。或者情况相反：宝宝虽然醒了，却仍然迷迷糊糊，不能真正地清醒过来。

清醒与睡觉之间的转换会越来越和谐。

清醒与睡眠的不同状态

单个的睡眠阶段从三十分钟到五个小时不等。在第一周，宝宝的醒与睡行为可以分为六种规律性重复的状态：

> 沉睡

> REM 睡眠阶段

> 半睡半醒

> 清醒但不活跃

> 清醒而活跃

> 哭闹

沉睡

这时的宝宝极为放松，大脑工作不太多，即在以缓慢的节奏运作。这个节奏需要练习和培养，有的孩子需要四个月的时间才能做到。

REM 睡眠阶段（快速眼动睡眠）

REM 睡眠是宝宝睡眠的主要组成部分。在这个阶段，宝宝闭合的眼睛飞快地动着，有的时候甚至能看到眼皮的轻微颤动。REM 是 "Rapid Eye Movement"（快速眼动）的缩写。人们猜测，孩子此时是在处理之前清醒状态下收集的大量信息。在这个过程中，他的大脑在高速运转。REM 睡眠阶段也是做梦的阶段。你的宝宝究竟会梦到什么呢？

在出生的第一年中，REM 睡眠阶段用时会逐步缩短。它占用了婴儿百分之五十左右的睡眠时间。在一周岁前后的这段时期，REM 睡眠阶段大约会占到婴儿睡眠的百分之二十五到三十，成年人则大约是百分之二十到二十五。

成长小提示

让过渡更轻松

下面的方法可以帮助宝宝更轻松地完成从睡眠到清醒状态的转换：

> 当孩子在睡了比较长一段时间后，显得晕晕乎乎时，请你抱起他，和他说说话，抱着他慢慢地走一走，直到他适应了清醒状态。

> 当孩子躺在他的垫子上痛快地手舞足蹈一番后又充满期待地四处打量时，请给他找一个玩具，并提供一些刺激：摇一摇拨浪鼓，把他头顶上方挂着的玩具撞一撞、敲一敲等等。

> 孩子作为被家庭成员围绕的中心，在接受了足够的印象刺激之后，会对世界完全失去兴趣。这个时候的他既不想被别人看也不想接受任何外界刺激，他只想上床休息。如果不让他休息，他会烦躁地啼哭。请尊重宝宝的需求，他需要切断"开关"，好好休息。

半睡半醒

这时的宝宝有轻微的动作，眼睛也许会睁开一会儿，然后又闭上，而且还时不时地轻轻嘟哝几声。这种状态下的宝宝可能会马上醒过来，然后立即再次入睡。

清醒但不活跃

研究表明，在"清醒但不活跃"状态下的婴儿最能产生好奇这一类的感觉。这个时候的他对刺激和新印象的态度格外开放。他会把眼睛睁得大大的、充满期待地看向这个世界。这个接受能力较强的阶段每天的总共时长大约是一到三个小时。

清醒而活跃

宝宝动得比原来更多了，但是他并不总是能够迅速地用目光和转头来回应刺激。他常常呈现出一副马上就要哭闹起来的样子。随着月龄的增长，他明显变得越来越活跃。两个月以上的宝宝会手舞足蹈地对刺激表现出更高的关注度。

哭闹

哭闹首先是一种求助的表达（见第49页）。哭闹的背后总是藏着婴儿真正的需求和困难。随着和孩子相处时间的增加，父母们将会越来越理解孩子哭闹的含义并找出原因。

吸收与加工

进入梦乡、手舞足蹈、观察世界——要应付成千上万接踵而来的新印象是一件困难的事情。虽然宝宝的神经系统不断地需要新的刺激来促进自身的进一步发育以及新的神经腱的连接，但它同时也忙于保护自己，不受过多外部刺激带来的侵害。如果太过频繁地把孩子放在极为嘈杂的地方，他会受到身体机能的冲击而产生不适感，于是就会常常哭闹。比如说，当亲朋好友来家里看望新生宝宝时，他们带来了很多陌生的声音还有五颜六色的东西。这些都让宝宝着迷，但也让他很劳累。于是他可能就会"大发脾气"，到了夜晚也会难以入睡。

共同体验，互相交流

当你注意到宝宝在某个时刻想要被抱起来，并且也为接收新信息做好准备的时候，你可以把他抱进怀里，指给他看天上的星星。当你觉察宝宝想要自己一个人待着时，那就再次把他放回床上。通过这样的方式，你的宝宝将逐渐培养出这样一种感觉：这个世界上存在着沟通交流这种东西；我们的存在以及我们的共同生活是由无数的联络所组成的。宝宝还会感觉到，你很尊重他的感受。

你的宝宝想要按照自己的速度来探索世界上的事物，最好是不慌不忙、一个一个地来。

与你及他人之间的交流对宝宝来说非常重要。

与你及他人之间的交流是宝宝世界的全部。他将学到：如果我与别人接触，发出信号，别人就会理解我。多亏有了这种密切的交流以及它所带来的良好体验，宝宝很快就知道：这个世界需要我；我很受欢迎；大家真的很爱我。这一点是可以肯定的，我的目光、哭闹和我所做的一切事情都会被别人感知到，而且经常能被正确地理解。在一切顺利的情况下，你与宝宝之间早期的互动将为宝宝提供一个模式，为他展示在理想状态下的世界是如何运转的。充满爱心、感觉敏锐的父母也很快就会注意到：我们能够很好地履行我们的新职责，把孩子照顾得很好。这个认识既给他们带来了快乐也增强了他们的信心。

成长小提示

世界是什么？

婴儿的世界绝对不是一团乱麻。研究人员推测，婴儿很早就能够感知基本的形状和结构。他能发现下面的这些差别：

> 物体有不同的形状，比如圆形、四角形、三角形。

> 能看得清楚的东西位于前面，模糊的则位于后方。

> 东西有动着的也有不动的。

明暗、轮廓、动态、线条都能作为最基本的辨识参照对象帮助宝宝理清日常生活的条理。请你为正在好奇地打量着这个世界的宝宝提供不同的参照物，向他展示世界是有形有貌的。比如你可以通过一些小仪式来帮他理清头绪：

> 在换尿片的台子上方挂一个塑料玩具，每次换尿片时它就会晃来晃去。

> 准备一个哺乳枕头，每次喂奶的时候总是带着它。

> 选一首歌作为宝宝的晚安曲，总是在睡觉前唱给他听。

我大哭大闹，意思是：帮帮我！

亲爱的妈咪，如果有必要，我能够特别大声、特别有力地哭闹，这样在我需要你的时候，你就肯定能够听到我。

有的时候，我的小打小闹会演变成大哭大闹。当我激动的时候，我会哭。当我孤单一人、觉得被抛弃的时候，当我在这个广阔的世界里需要依靠的时候，当我困倦的时候，心情不好、筋疲力尽的时候，我也会哭。我时常无法平静下来，也做不到放松自己闭上眼睛，把自己同周围的一切隔绝开来。我并不只是哭闹，而是用哭闹呼唤你。你或者爸爸，应该帮帮我。幸好你理解了我的意思，于是过来看我。你早就能够从我的声调中明白我为什么哭闹。当我越长越大，我就越能够从你的双眼、你的微笑中知道：你马上会把我拥进怀里，好好地搂一搂抱一抱。你的行为正好符合我现在的需要，所以我也就安静下来，不再哭闹了。

但是往往我的安静时段一下子就过去了。我又开始哭闹，这一次是因为肚子饿。我饿了！我饿了！我饿了！如果你给我喂奶或者喂吃的我很快又会安静下来，觉得心满意足。我打完嗝，你给我换过尿片之后，我又开始准备迎接新的冒险：世界，我来了！

哭闹永远都是一种呼救

你的宝宝现在已经有了非常惊人的力气。这一点你可以从他那没完没了的、嘹亮并且极具穿透力的哭闹声中知道。

大多数情况下，孩子的哭闹声意味着饥饿、疲劳、尿布湿了，又或者是"别丢下我一个人"。与之相比，疼痛的哭号，比如肚子疼，则要更为强烈，听上去尖锐得像是警报声。而这个时候宝宝的小脸会皱成一团，你能一眼看出他很疼。宝宝的这种呼救声在世界各地听起来都一个样，不管在哪里都能够被理解。

长时间的哭闹

你的孩子在没完没了地哭。让他看看世界？现在的他可完全没这个兴趣。什么办法都没用，摇晃没用，换了尿片也不行，喂奶或者抚摩都解决不了问题。爸爸妈妈们在这种时候很容易惊慌失措：难不成我的宝宝是个爱哭包？然而并不是所有获得这一称号的孩子都真的喜欢哭。

婴儿的哭闹要比很多人以为的"正常"得多。

处在人生第一阶段的婴儿每天哭上两个小时是很正常的，尤其十七点到二十二点之间是他们经常哭闹的时间段。有些父母觉得这种哭闹是严重过度的。

六到八周的时候，宝宝的哭闹将达到一个巅峰，据推测，这是源于大脑的改造过程。相比之下，"真正"的爱哭包哭闹得更加频繁：根据普遍规律，他们会连续三周以上，每周至少有三天，每天哭闹三个小时以上。专家认为，长时间哭闹的导火线是恐惧和紧张感。这些都是母亲在怀孕期间曾经体验过的情绪，它们

相信自己的直觉

你的直觉是你的盟友，它会告诉你该往哪个方向走。它教你仔细观察、认真倾听、好好感受，它能帮助你正确地理解宝宝的哭叫声，并做出恰当的反应。大多数的父母都拥有这种直觉性的认知，不过必须时常提醒自己去运用这些知识。

当宝宝哭叫的时候，有一点是可以确定的：宝宝有压力、有困难。哭闹永远都是一种呼救，它所表达的是一种实实在在的生命需求。

> 对宝宝的哭叫立刻做出回应并不会意味着你娇惯宝宝！大多数的父母都明白这一点，他们会试着马上为宝宝提供帮助。

> 留给宝宝间歇时间。他不想无休无止地忙忙碌碌，他也需要恢复阶段来让自己喘口气，你只要予以关注就可以了。

> 有的时候宝宝会想要自己一个人玩耍。但有时即使他想独自玩耍，也必须退回到一个安全的空间里，以便让自己可以在松弛的氛围中发挥、发展自己的能力和天性。孩子当然并不仅仅只是由基因决定的，他的种种经历也是至关重要。你需要负责的是：让孩子尽可能多地收集良好的体验。

被传递给了宝宝。难产也被看作是原因之一。研究者们认为，这是调控能力出现了障碍，因为爱哭的宝宝们对环境的刺激异常敏感。

另外，百分之八十的爱哭宝宝会在三个月之后逐渐地不再那么爱哭，亲人以外的旁观者们都能感受到这一变化，但是宝宝的父母却不一定能觉察出来。

宝宝是完全无助的吗？

小小的婴儿是否不管在任何情况下都要依赖他人的帮助？这并不包括所有生活领域。举例来说：当外部温度不对劲的时候，婴儿因为肋骨上的脂肪量还太少而且也不能真正地出汗，他们的机体组织无法平衡急剧变化的温差。但是他们会采取应对措施：当气温过低的时候，运动就很有帮助。宝宝会试着通过伸拳踢腿让自己暖和起来。当温度过高的时候，宝宝会把手和腿伸出来，以便散热。

除了哭闹，我还会很多东西哦

我可不是只会用哭闹来告诉你和爸爸我想要干什么。你会很惊讶，我越来越准确地知道我自己想干吗。

我非常享受和你一起探索这个世界的过程，在我手舞足蹈、玩耍和微笑时，在我们目光交汇时，我都在用我的小眼神和整个身体告诉你这一感受。大多数时候你都能理解我的"语言"，而有的时候我们彼此却也没法沟通。比如，你特别喜欢那个挂在尿片台上方来回晃动的小鸟塑料玩具，可我今天觉得它没什么意思。你不停地拨弄着它，使它晃来晃去，于是我移开了目光。

有的时候我们彼此理解，而有的时候却也无法沟通。

你大概没有理解我想要表达的意思，还在继续拨弄着玩具。你不理解我这一事实让我烦躁不安。请不要再演示、讲解啦！然后，你终于放下了玩具，开始抚摩我。你的手我很熟悉。你手上闪闪发光的东西是什么？我得好好瞧瞧这个在指头上闪烁不停的家伙！别动！让我看一眼！你伸出手让我看。我打量着你的手掌、手指，还有指头上闪闪发光的东西。过了一会儿我看够了，于是又睡了一觉。醒来之后，世界探险之旅又继续展开啦！

宝宝们在发送信号

信号在父母和宝宝之间起着平衡的作用，它调节着成人与小孩之间的交流和沟通。

你的宝宝越来越活跃，他日益频繁地要求与你"对话"。以下是婴儿表达的一些重要信号及其意义：

> 把头转开："让我静一静。"

> 把头转过来："我准备好了接纳新知识。"

> 快速而匆忙的吮吸："我饿得不得了——我需要食物，也需要关怀。"

> 慢慢地吮吸，同时可能还显得有些困倦："我马上就快吃饱啦，也要心满意足了。"

> 看过去："这个有意思。"

> 掉转目光："这个（现在）没意思。"

妈妈和爸爸善于从宝宝的眼神中识别出宝宝不同的意愿：他是想被抱在怀里还是更希望躺到床上去；他想要玩耍还是安静地待着。大多数情况下父母都能够理解孩子的意图，并能正确地应对。他们不仅学会了理解孩子的声音，还能够领会孩子的肢体动作和表情表达的含义。

小小的对话，伟大的情谊

当宝宝心情好的时候，他会兴高采烈地手舞足蹈，动作激烈得仿佛已经练习了一辈子似的。他在用这个方式告诉大家：我感觉好极了！一切都很好。他自己左顾右盼，一个人喋喋不休，于是妈妈就跑过来和他"聊天"：妈妈久久地看着宝宝，她的目光像一床暖和的被子包裹着他。宝宝也看向妈妈，于是又开始了新一轮的你笑我笑大家笑。

几分钟之后，母子俩笑够也聊够了。宝宝采集到了新的印象信息，于是结束了"对话"。他会移开目光或者把头转向一旁，然后妈妈就知道：宝宝不想继续了。那么就暂告一段落吧。

再举一个例子：孩子该洗澡了，但是他却不太愿意，他的小手握成了拳头——这是一个代表着紧张的信号。于是妈妈就明白了。但是，如果宝宝喜欢玩水，那

对待男孩要更加仔细？

母亲们对男孩子发出的信号显然比对女孩子的更为敏感。为什么会出现这种情况？调查研究没有得出一致的解释。是不是因为男孩子们似乎比女孩子更急躁？或者这种现象凸显的是关于性别差异的老论调：比起女孩子，人们对男孩子的要求更高一些？这就不得而知了。但是你可以好好观察一下自己与宝宝相处时的一举一动。

么他的表现则完全不同：他会松开拳头。这时可以让他在你的看护下在水里多玩一会儿。

爸爸妈妈也要给宝宝发送信号

作为父母，你们也要给孩子发出他能理解的信号。比如说，如果你的目光游移，宝宝就会知道："目前我俩之间不来电。"他可能也会对两人之间的互动与交流失去兴致。而有的时候，母亲或父亲（以及所有其他熟人）也可以借助目光和眨眼动作实现和宝宝的"模糊交流"。

宝宝能够识别你的表情

父母和宝宝说话的时候会不由自主地挤眉弄眼。为什么呢？因为比起冷酷僵硬的面孔来，表情生动的脸更容易和婴儿打交道。一项实验显示：当母亲充满爱意地看着自己的孩子，却在突然之间改变了面部表情时，如突然板起脸，宝宝会尝试一切手段，借助语调、手势和表情来诱使他的妈妈不再冷淡。如果没能成功，宝宝会表现出失望。如果情况持续如此，他会无精打采地放弃努力。这个实验展示了婴儿对熟人的表情有着非常敏感的反应。婴儿不仅只喜欢爸爸和妈妈的脸，而是对表露出情绪的脸普遍都比较感兴趣。

另外，如果熟悉的人的面孔转向了其他人，这既不会特别干扰到婴儿，他也不会表现出格外的兴趣。这意味着：即使是非常年幼的婴儿也已经能够区分不同的关联，并且能识别人与人之间不同的关系。

交流之波

母子之间的对话会带来一种波动：母亲等待宝宝发出信号，宝宝兴致勃勃地打量着母亲，然后母亲过来了，展开交流。她朝着宝宝点头，为他唱歌，等等。宝宝的注意力被吸引过去，竖着耳朵听，兴趣盎然地看。这就形成了一个波动。到了某个时候，宝宝不愿意或者不能够继续跟进这个"闲聊"了，或者妈妈不想继续下去了，这个"游戏"就会告一段落，直到下一个波动开始。

父亲当然也可以通过这样的方式和宝宝交流！现在，越来越多的父亲们积极地参与着这一切，这非常棒！

怎样才能获得安全感

宝宝影响着你，而反过来你也影响着宝宝。通过这样的方式，母子之间的相处会变得越来越好：

> 在这段时间里宝宝确切地了解到，你是可以信任的，于是他获得了安全感。因为他所传递的信号——他的目光、哭闹以及他的一切行为——都会被接收，并且大多都能被正确地理解。

> 因为你发现自己能够很好地履行自己的新职责，能把孩子照顾得很好，还能识别孩子的需求信息，于是你也获得了安全感。

充满活力，融洽和谐地相处

大人与小孩之间的接触有时会让人联想起需要协调一致、互相配合的舞蹈，又或者是音乐中的对位：一个声调走高音，另一个走低音。这对所有参与者来说大多是一种非常快乐的体验。如果舞蹈偶尔停下来或者跳错了节拍，这也没有什么大不了的，只是意味着：重新开始，让我们再试一次！

沟通、互动：既有趣又能让关系更亲密。

日益亲密的亲子关系

在这段日子里，父母和孩子之间的关系得到了加强。亲密的亲子关系不仅能给宝宝的心灵带来有益的影响，还为他的冒险精神奠定了基础：它能激发并拓展儿童的好奇心。一个有着稳定的归属感的孩子比较能够培养出信心和内心的安全感，而以后他也有勇气去全面地观察世界、人群并探索人生。有稳定亲情可以依靠的人，就已经中了大奖。

亲情是教育的基础

科学研究证明，亲情的质量和孩子的教育有着紧密的联系。亲子关系稳定的孩子开朗、好奇，并且对自己的能力很有信心。没有享受到稳定关系的孩子则相反，他们和父母的关系有着明显的不确定性。他们喜欢抓着妈妈的裙角，因为他们对父母的关注没有把握，也没有勇气依靠自己的力量去了解世界。

由于享有稳定亲子关系的儿童数量在减少（从上一代的百分之八十左右降低到如今的百分之六十上下），我们必须反复地强调：基本信任是建立在稳定的亲子关系的基础上的，这对儿童性格的形成至关重要！

基本信任是生命力与毅力的沃土。

基本信任也是坚韧的标志，坚韧是在重负荷情况下的抵抗能力。一个人越坚韧，他就越能够轻松地克服重负荷或是处理特殊情况。这种"不倒翁"的能力在儿童最小的时候就已经形成：从基本信任中培养出自信心，生长出同情心以及社交能力。基本信任还能让孩子对新的体验抱着开放的态度，他将迅速地存储这些体验，进行加工处理并且融会贯通。

被妈妈抱着去探索世界

从基因构造上看，婴儿们很适合被大人抱着。他们从一开始就很适于被经常、长时间地背在身上。这起到了一个整体上的刺激作用，并且促进了对感官印象的消化吸收，也就是对所体验过的兴奋刺激进行整理和融合。这就为感觉器官以及相关大脑区域的良好发育做出了贡献。当你双手扶在孩子腋下将他提起来的时候，他会反射性地把双腿稍稍屈起并分开。据行为生物学家推测，这是一种天生的反射动作，又被称为屈蹲姿势。如果你小心地把宝宝放在自己的髋部，会发现这种屈蹲姿势是方便被人抱起来或背起来的理想姿势。为了支持身体，宝宝的小腿也会稍微向内弯曲，这样他就能更加稳当地骑坐在你的身上。宝宝圆弧形的背部也有它的好处：宝宝被妈妈抱在或者背在身上的时候并不需要挺直小身板，相反，向前曲体更有意义，这样他就可以靠向妈妈。这种依靠也是很合理的，因为可以避免自己向后倒去。

通过被人抱在怀里或是背在身上的方式，宝宝可以运用全部的五感从整体上理想地感受与你以及与周围环境之间的交流。他能感觉到你的动作，这可以刺激他的平衡感，同时也能让他安心。持续的皮肤接触则增进了他对碰触的敏感度，同时也创造了亲密感和信任感，巩固增进了亲子关系。宝宝所熟悉的气味以及你沉稳的心跳声也发挥着相同的作用。

当宝宝清醒并且有接受能力的时候，他还能够通过眼睛和耳朵与你及周围环境进行联络。如果有东西引起了他的不安或恐惧，他能够移开目光并从你的身体以及与你的眼神交流中寻求保护——他能感知你的表情和你熟悉的声音。

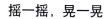

成长小提示

摇一摇，晃一晃

婴儿们都是小背包，喜欢被人背来背去，还喜欢被抱在怀里摇摆。为什么摇一摇、晃一晃就能起到安抚作用？其原因和第六感，也就是负责空间知觉的平衡感有关。从生命之初，这一感官就在发挥着良好的作用。多亏了宝宝的平衡感，他能很快地学会直起脑袋，让手臂有针对性地活动，等等。但是摇晃的效用不只是让宝宝感觉舒服，它还能够锻炼宝宝的大脑：节奏均匀有规律的动作能刺激大脑细胞，并能促进新神经连接的形成。请抱着你的宝宝摇一摇，并带着他到处走一走，有时用摇篮动作，有时也可试一试飞行姿势（即让宝宝趴在你的小臂上）。如果有条件，请经常抱着宝宝去荡一荡秋千。

我们的眼睛在共舞

亲爱的妈咪，你为我展示了这个世界。你的眼睛是我的镜子。你和我一起欢笑，一起唱歌……而节奏掌握在我的手中。

虽然我还这么小，但经验早就告诉我：有志者，事竟成。大多数情况下是这样没错啦。这是不是因为我们通力合作的缘故？今天我做的一切事情都比昨天来得更顺利。

当两人在一块儿的时候，我们都在干些什么呢？我们互相打量，用眼神交流——这是我俩第一次共同做的游戏，现在我们仍然在玩，它越来越有意思了：我们坦率地看着彼此的眼睛。我好喜欢看你的眼睛啊！它们像两个圆圆的圈圈在你的脸中间，让我看得津津有味。

能见到你真好！

我可以飞快地把你的脸和别人的脸区分开来。但是，如果你换了新发型或者头上戴着帽子，辨别起来就有点困难了，不过大多数时候我还是能够认出来你的——妈妈就是妈妈，哪怕你今天扎着辫子或明天卷着头发。我能闻出你的气味，听出你的声音，反正我就是能认出你来。我不仅仅喜欢见到你，也喜欢见到全家人。所有我熟悉的人都在这里，而我就在大家中间，这种感觉超棒的！

镜子里我们的脸

我还有一个特别喜爱的活动，那就是从镜子里观察你的脸。这是你呀！你身边的另外一张脸又是谁呢？你说那是我的脸？这个信息我消化不了。不过你身边的那张脸还是蛮有趣的，因为无论我做什么动作它都会跟着一起做！

我寻找着你的视线，你也在寻找我的。当我们的目光交汇时，它们就紧紧地交织在一起，而且时间还挺长。我读着你的眼神，你也读着我的。我沐浴在你的目光之中。当我成功赢得了你全部的关注时，我会很开心。每一次注视都带来一个新的信息。

不知怎的，我在你脸上所看到的东西非常符合我所感受到的东西。这让我很快乐。你的目光向我诉说着你的感受，比如激动、愉快、恼火、恐惧——这些都是我从你那儿了解到的。我深入地研究着你的脸庞，时不时地用目光触摸着它。因为我俩经常长时间地看着彼此的眼睛，所以我们交流了数不尽的信息。从你的脸上我发现了整个世界。

我在世界上的位置

在目光与目光的来来往往中，生活就这样展开了。我不停地想要见识更多的东西，因为我对已经知道的东西很快就失去了兴趣，必须有新东西才行。我想要更多地了解世界，所以我用眼睛和耳朵吸收着一切——不论是在我们散步的时候，还是当奶奶过来看我们的时候，抑或是你重新拿出那个消失了好几天的皮球的时候。我对新鲜事物的渴望是很强烈的哦。

成长小提示

挠痒痒和抚摩

宝宝很喜欢被抚摩，不管是轻柔的、有力的，还是很有节奏。宝宝越大，就越喜欢有力的抚摩。"我马上就抓到你了，然后我会挠你的痒痒！"这是能把宝宝逗弄开心的一个特别好的游戏。挠痒痒并不仅仅是玩闹，从长远来看，正是在挠痒痒的过程中孩子了解到了内部和外部的区别，了解到皮肤衔接着内外。这项体验促进了自我意识的形成，也能帮助孩子体会到：身体和灵魂是一体的。抚摩和挠痒痒有着同样的效用。所以，请经常抚摩或挠一挠你的宝宝，但是要在宝宝真的愿意被摸被挠的时候才可以这么做。

我想知道，我在世界上的位置在哪里！

社交环境中的宝宝

每一个孩子都想要探索自己以及外面的世界，那是因为宝宝现在就已经开始寻找自己在世界上的位置了。

你的宝宝现在已经开始形成对世界以及对自身的感受。这是一个长期发展过程的开端。每个年幼的孩子都拥有自己的人格，他们也已经收集到了很多体验——既有关于自己的，也有关于世界的。他所收集的每一个新体验都在塑造、改善这一个性化的感受。

有所作为

大约在三四个月的时候，你的宝宝开始能够区分出哪些结果是别人触发的，哪些是自己造成的。这样他就会体验到"自己笑起来的时候会让胸腔振动"等事情。他想要不断地测试，自己的感受是否和身边人的一样，自己的情绪对别人有哪些影响。

如果你能支持孩子的这个学习过程，他就能初步培养出一个模糊的感觉，那就是他自己有照料自己的能力——通过喊叫、呜咽和哭闹等等。更多的办法他现在还实现不了。让孩子自发主动地发起这个"游戏"，他才最有可能在成长的道路上更进一步。由孩子掌握主导权——目前他掌握主导权的程度当然还非常有限——这对你的儿子或者女儿就意味着："我能够被理解。"

世界是一个欢迎宝宝的地方。

这样的体会将增强基本信任，将为宝宝的人生打出大标题："会好起来的！我总会有办法搞定的！"当然你的宝宝现在还不会有这样的想法，但这为他将来能够充满自信地去探索世界和人生打下了良好的基础。

婴儿时期影响终身

你的宝宝只能依赖他人来存活。如果经常让他一个人待着，他很快就会觉得自己迷失在了这个广阔的、非常陌生的世界之中。从前，在这个方面人们做得远远不如现在这么体贴，他们会让婴儿完全独自一人，甚至任他哭闹也不闻不问，理由是："这孩子会自己安静下来的！"说得没错，孩子在某个时候的确会自己停下来并且睡过去，但这时的他已经筋疲力尽，心情既紧张又失望：都没有人过来看看我。

如果孩子缺乏亲情以及由之而来的自信感，并且在生命最初阶段一再地体验"我很孤独寂寞"，那么紧张和压力感就会一直保留下来。婴儿会把孤独感、威胁感和恐惧感深深地储存在记忆之中。这样，他对世界的认识就产生了第一道刮痕，而这种深深的孤独感会伴随孩子的一生，将来的他可能会在毫无威胁的地方也能看出威胁，觉得这个世界遍地都是危险。这样一来，孩子想要仔细观察世界、研究世界的好奇心便从一开始就受到了抑制。

婴儿是不会被"娇惯"的

孩子将来的人生是否成功的关键之一就在于：他婴儿时期的情感是否被感知，是否被正确地理解并得到满足。通向幸福的最佳道路是建立在稳定的亲情之上的。亲情的基础在怀孕期间以及初生阶段就已经打下了（见第6页）。

这些早期的体验给宝宝的世界观提供了最初的范例。如果这些范例是积极向上的那就再好不过了，因为它们都是能决定宝宝大脑发育和心灵发展的潜在因素。这些初体验为宝宝今后的喜好、优势专长、幸福与否定下了基调。对你的宝宝来说，基本信任是和睡觉吃奶同样重要的。

亲密的声响——咿呀童语

当你想要让孩子注意到生活中某些事物的时候，你可能会不由自主地用最高的音调咿呀而语，用简短的句子说话，或者像默片里的演员，做出夸张的动作和表情。

家的声音

每个家庭都有自己的说话风格、礼仪和规则。它们带给大家信赖和安全感。

每一个家庭也有着自己的世界观。比如，一号家庭用积极的眼光看待世界和大自然："春天的嫩绿对我们来说是极大的欢乐。当大自然再度焕发生机的时候真是美妙极了！"而二号家庭对此却有不同的看法："这变来变去的天气和融雪时的满地泥浆真是糟透了！"孩子会在不知不觉中吸收这些信息，尤其是当他们自己的经历在观念不同的家庭中被诠释和评判的时候："好棒啊，你已经能够画得这么好啦！""你别总喜欢把书从书架上扯出来好吗！"这些观念对孩子的影响很早就已经开始了。请你注意自己会给孩子带来什么样的生活感受。也许这也能让你自己更开心一点。

这是完全正确的，你的直觉告诉你，宝宝更喜欢的是高音调而不是低沉的声音。除了说话高声以外你还经常重复一些非常简单的句子以及旋律片段。这种婴儿语言可能让你周围的人觉得傻乎乎的，但它却非常重要，因为它为宝宝的语言学习准备了一个可靠、亲切的框架。

与此同时，亲子交谈也变得越来越热闹。宝宝叽咕地嘟囔、咯咯地欢笑，他不再只会借助表情来讲述"长篇故事"，他还能够运用声音。宝宝对呼吸和声音的控制越好，他的倾诉就会越密集。宝宝的音高和语调会告诉你，他现在对世界有着什么样的感受，是欢愉的还是忧郁的。

宝宝在仔细聆听

当你对宝宝做出回应的时候，请注意说话的语调要亲切，要能给他带来积极的感受。由于我们成年人早就习惯了在声音中显出无聊、紧张或者心情糟糕等情绪，所以我们也很容易粗心大意地不做理会，但是你的宝宝却听得很仔细，而你声音中带有的情绪会影响他的感受：

> 愉快轻松宛如夏日清风的声音传递给孩子的感觉是：轻松、愉悦、舒适。

> 欢快、柔和的嘟哝声意味着：一切都好，我可以平静下来。

> 躁动不安的声音意味着：警报，情况不对头，我得警惕起来。

> 高亢有力的声音常常会吓到宝宝。

语调能奏响音乐。你的语音语调还有你的嗓音为宝宝提供了重要的定向标，既能帮助他了解世界，也能帮助他与你沟通。

"真正"的微笑

宝宝第一个"真正"的微笑被研究者称为社交微笑，它不仅很有趣，还有一个特别的意义：当宝宝模仿你、对你微笑、向你依偎过来的时候，他是在无意识地奖励你给他带来的欢乐和付出的努力。他用自己的微笑来巩固他与你之间的决定着他生存问题的关系。

你的宝宝可以利用微笑来诱惑爸爸妈妈。这是大自然做出的绝妙安排：通过那让人难以抵抗的微笑，宝宝能保护自己不受伤害。但是仍然需要过一段时间，宝宝才能够了解这中间的联系，知道他能够利用微笑达成某些愿望。

你的宝宝不仅会和自己的爸爸妈妈用眼神交流，也喜欢对陌生人微笑。所有人都有机会看到他迷人的笑容。在微笑的同时他也在练习辨认和区别不同的脸庞，因为每个人回应的笑容都不一样。

这样的笑容谁也无法抵抗。"社交微笑"并非徒有其名。

示范与模仿

亲爱的妈咪，我在向你微笑。你笑了，我也笑。你很开心，我能清楚地感觉到，于是我也开心起来。

现在的我已经有好几个月大了，我能够主动地用微笑来回应你的笑容。我的微笑告诉你："我很好！"你当然也不假思索地朝我笑开了，还会发出一些我喜欢的声音，仿佛在轻柔地抚摸我。

我越来越频繁地用笑容来回应你的举动。比如当你在做这些事的时候，我会笑得一脸灿烂：

> 当你应我的要求为我唱歌的时候。

> 当你追寻着我的目光和我说话的时候。

我早就注意到，当我发出声音的时候你会微笑，当我喃喃自语、咯咯轻笑的时候，或者当我拳打脚踢的时候，你也会笑。我把最美的笑容送给你和爸爸，别人我可不会白送。当你们两有谁笑着向我问好，还把脑袋往后仰或者偏向一旁时，我会偷偷地学你们的动作，很快我也会做了。

哪些东西是彼此关联的？

我喜欢四下打量，观察别人。妈妈，你是我最喜欢观察的人。有一天，我注意到了你的嘴：

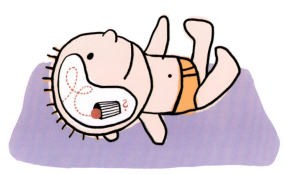

> 我看见，当你说话的时候你的嘴在动。

> 我听见，当你说话的时候声音从你的嘴里溜出来。

我明白了，嘴和声音之间有某种联系。我观察到的哪些东西是匹配的，哪些不是呢？所有的问号组成了一片森林，而你将帮助我走出这片森林。

我在模仿你的动作

我们两人在"眉来眼去"。我在观察你，在吃奶、换尿片的时候，还有洗澡的时候。一出生我就立刻开始了观察，而你也在观察我。你朝我吐了吐舌头。你问我是否也办得到，我能行的！这段时间，我时不时地可以成功模仿你的动作，比如眨眼睛、皱眉头。我有时是能办到，不过时间都很短暂，而且并不是每次尝试都能成功。

我也能为你"做示范"！

你开始模仿我做的鬼脸，像我一样皱起眉头，像我一样说话"啊啊啊"。你不仅能像我一样咯咯笑，还能时而高昂，时而轻声。你也不只像我这样叽叽咕咕，还能一会儿慢，一会儿快。我很喜欢听，并且也学着你的样子去做。我还做得不太成功，必须做得更好才行！于是我再次尝试。当然，我很高兴你表扬我"真棒，真棒"，也很喜欢你赞赏的眼神。

成长小提示

模仿

对模仿的兴趣是天生的。婴儿在解读着凑近他们的脸庞。从眼前的脸庞上他们能识别出自己的一部分，这对他们来说是一种刺激的体验。他们想尽办法模仿别人脸上的动作。请你增强他们的这一兴趣！

> 请你参与进来：做孩子的"回声筒"和"小镜子"。

> 让这个游戏再往前一步：宝宝从你身上学到了动作，你反过来模仿他再做一次。

> 重复你们的游戏。婴儿和低龄儿童喜欢重复。

这样做可以鞭策宝宝继续进行他对世界的研究探索。不过，宝宝还需要几个月才能学会有针对性的、大幅度的模仿。

我的存在——最初的细腻感知

了解世界意味着观察他人、与他人交际——即体会并研究每天看到的人们。

妈妈、爸爸、奶奶、兄弟姐妹都是宝宝积攒更多知识的源泉。每一个人都会留给他不同的印象。作为母亲的你将在比较长的一段时间里一直是孩子的兴趣中心。宝宝有的时候看见你疲惫不堪，甚至心情糟糕，有的时候又看见你精神抖擞、情绪高涨。宝宝在吃奶的时候时而观察你的乳房，时而又注视你望向他微笑的眼睛。宝宝不断地体会着同一个人的不同表情。许许多多各不相同的"马赛克"最后拼成一幅日益饱满、逐渐具体的图像："这就是我的母亲。"

镜像神经元：从你身上认出我自己

镜像神经元为生动的表情交流提供了基础。婴儿在出生几个小时之后就已经在不由自主地模仿别人丰富的表情，比如张开嘴或者吐舌头。据推测，婴儿天生具备一种能力，能实现最初步的联络。新生儿似乎基因已经被设定过，他几乎可以反射性地产生社交反应。

20世纪中叶，意大利神经生理学家贾科莫·里佐拉蒂等人就已经通过对黑猩猩的研究查明了神经系统中模仿行为的中介，并称之为镜像神经元。事实上，婴儿的确在出生的时候就具备了基本的镜像神经元。通过它们，婴儿从一开始就能够与参照对象进行表情交流。神经教育家强调：通过不断对婴儿做出镜像回应来表明他的模仿能被理解，是非常重要的。如果不能引起社交共鸣，婴儿的镜像神经元系统就会萎缩。

新生儿似乎拥有一定的生理条件，让他能通过相互间表情镜像反应的顺利展开来建立与母亲的稳定关系。

有些神经教育家及其他科学家认为，持续稳定的情感共鸣和社交共鸣是童年初期建立换位思考和同情心的基础。

内与外

随着月龄的增长，每个宝宝都会了解到"我"和"你"是不同的，自我与他人之间也是有区别的："当我吮吸大拇指的时候，这和我的妈妈没有关系，只是和我自己相关。"这种早期的模糊概念是通向自我意识的第一步。如果你能对孩子的小实验表示惊喜、赞叹和评论——不管他是在扔绒毛玩具还是拿着两个积木互相敲打——他将体会到，自己是有行为能力的人。在游戏中以及在与你建立亲密关系的过程中，宝宝将逐渐了解到自己是独立的个体。一岁以前的婴儿觉得自己是母亲的一部分，他和母亲有着"共生性质的紧密关系"，因而无法感受到他自己是独立的人？这一概念已经被证实为谬误。母亲和宝宝之间正在建立的关系当然是很亲密的，但是孩子的自我意识也很早就显露出了迹象。

为成长中的智力提供养分

你的宝宝对身边发生的各种事情越来越感兴趣。他在仔细地观察，甚至能意识到有限范围内的变化和异常。当小圆球从一头滚进了小隧道却没有从另一头冒出来时，小小的婴儿已经会觉得奇怪了。挺厉害的，不是吗？

感受力和思维力的成长前提是大脑相应的成熟。为了继续发育并建立运作良好的网络，婴儿的大脑需要"养分"。社交关系对他的思维系统来说是非常可口的食粮。有些研究者认为，婴儿时期的游戏所带给孩子的促进作用也会对他将来的学生时期很有帮助：这会对他的记忆力、注意力以及认知能力有所助益。

成长小提示

了解宝宝的能力

怎样才能看出宝宝在什么时候具备了什么样的能力呢？婴儿研究专家进行了观察：当婴儿被交付"任务"的时候，他会有怎样的反应。他会集中精神、长时间地盯着看还是会移开目光？他会苦着脸还是会相当放松地四下里打量？他会反应热烈还是无动于衷地吮着奶嘴，抑或是兴奋地吮吸得越来越快？

如果你用心研究宝宝，你很快就能学会理解他的脸部表情和肢体语言，无论是在玩耍、最初的对话中，还是在喂他吃东西的时候。

归属感抑或无助感？

从宝宝的第一声哭喊开始，他就感受到了接触社会的渴望。他拥有建立、维持或者结束这一联系的天赋。在关于微笑的话题中我们已经说过：宝宝不只想接触你，他也想要接触别的人。比如把他搂在怀里摇晃的叔叔，比如说话与长相和妈妈很不一样、有很多新玩具的保姆，等等。与不同人之间的良好经历会鼓励宝宝相信自己，也去相信这个向他敞开大门的世界。与家庭以及照顾自己的人有着亲密的关系，这能让孩子产生良好的自我价值意识以及自信心，从而激励他更加细致地去观察这个广阔的世界，观察其中的人们。情感研究专家们认为，与他人之间的亲密关系是我们的潜在能量，是一种良好的人生基础，它让孩子能够接纳自己在这个世界上所处的固定位置——这是一个其他人所无法取代的位置。与他人之间的亲密关系也可以成为诅咒，因为孩子无法选择，他只能对别人的情感和信息做出反应，而这些情感和信息也可能会是消极的。

成长小提示

你就是你

请从一开始就支持你的孩子做他自己，赞赏他的能力、游戏以及他非常个性化的表达方式。请关心宝宝的需求，从而给予宝宝他渴望的基本安全感以及快乐的能力。通过经常和宝宝一起笑、一起玩来增进他对生活的热爱。为他特有的成长过程尽量留出充足的发挥空间——孩子的成长不应该被妈妈或者爸爸的期望和梦想所限制。

帮助你的孩子尽可能地从你们的期望和梦想中独立出来。

尊重孩子的人格

拥有好奇心的不仅仅是婴儿，父母也是一样。他们带着极大的兴趣观察着自己的孩子：你怎么啦？你怎么看这个世界？你的这个或者那个小眼神都是什么意思呢？全世界所有的父母都在热情地诠释着自家孩子的行为以及发出的信号，他们仔细地聆听、观看、了解并诠释。这能帮助他们对宝宝的需求做出反应、尝试、整理并记录各种经验。

如果父母的研究和评论限制了孩子的成长，并且掩盖了孩子自己发出的信号，那么问题就出来了。刚开始的时候往往看似无伤大雅：有的孩子在几周大的时候就已经被指定在家庭中的位置，家人会对他做一些这样的点评："和他奶奶一个样！"或者："很有行动力，这是随了爸爸！"又或者："我觉得你

你的宝宝也希望能与祖父母以及其他人建立起关系。

和你妈妈一样没法安静下来！"

　　发掘孩子与其他家庭成员的相似点虽然很有趣，但也有一定的危险性，因为这样会限制儿童培养他自己的人格。父辈们常常有着他们的期望，比如宝宝比较嗜睡、喜欢拥抱，而他的父母却希望孩子精力充沛、充满好奇地观察世界——就像他爸爸那样。这样的期望是孩子难以逃避的。有不少的孩子会努力迎合这些期望，毕竟他们想要取悦爸爸妈妈。这样一来，孩子自己的愿望就完全无法与之抗衡。将来在这样的土壤中会生长出失意甚至愤怒的情绪："我的父母对我干了些什么呀？"

第二个爱的宣言

　　总而言之，父母在开始三个月里的体验有：我们的眼神能述说千言万语，我们的微笑让人无法抵抗。婴儿语言是通向世界的钥匙——父母和孩子在乐此不疲地互诉衷情，觉得自己宛如陷入了热恋，仿佛置身于人间天堂。"热恋"这个词不足以描述这种状态，父母与孩子在连续不断地交流着大大小小的感受和无穷无尽的信息，热恋早已变成了深深的爱。这种爱通常能够让父母们克服所有的不眠之夜，忍受婴儿没完没了的哭喊叫闹。

人生第二季

婴儿在早期就已经相当聪明

游戏、玩具，这一切对我来说都很有趣，很有吸引力。
世界提供了很多精彩的东西供我研究。
你问我会不会无聊？完全不会出现这种问题。

我的世界里都有些什么呢？

亲爱的妈咪，我最喜爱的活动是：玩游戏。好的游戏能深深地吸引我，它们能让我更有洞察力。当然最主要的是，它们能给我带来乐趣！

我不仅仅只是想看看这个世界，我还想要了解生活中都有些什么样的事物。当我醒着的时候，我有时俯卧在地上的那张你为我铺好的软垫上面。但是仅仅只是躺在地上发呆对我来说是不够的。我想要去体验和经历！我发现了一束亮光。那温暖的光芒吸引着我，让我为之惊叹。真是个奇迹啊！我仔仔细细地盯着这束光看了好久好久。

我的游戏垫子上面有一个蓝色的杯子，它正摆在我面前。这是个好东西，很有趣嘛。我牢牢地盯着这个杯子，凝视着它。我的世界在这一刻只剩下我和我面前的杯子，其他一切都无关紧要了。接着，你过来了。你以为我感觉无聊了："咱们的孩子正很奇怪地盯着前面的什么东西。"你说道，并且想要和我玩一会儿。于是你开始胡闹瞎折腾。你难道没发现你打搅了我？你的小游戏现在可一点也不受我的欢迎。你很失望，这一点我注意到了。

让我看看会发生什么事

我不仅仅只是想看看这个世界，我还想有所作为：我想要推动事情、引发

事情。而我能够推动什么样的事呢？在玩耍的时候，我乐于迎向一切事物。我放手玩耍起来。我的目光扫来扫去，不知什么时候就会停留在某个地方，也就是让我好奇的地方：

> 奶奶的项链。我坐在她的腿上，发现了她脖子上的这个缀着大吊饰的项链。让我去拉一拉那个吊饰吧，就这么干！我伸手扯住了吊饰——然后呢？"停下，别扯啦！"奶奶说道。真是可惜。

> 在我的垫子上躺着一个布偶，拖着两条软腿。我把它抓了过来。我可以拿它干什么呢？我扯了扯它的腿。那滚出来的塑料小球是干什么用的？我追着小球看过去。

大多数时候我都是仰天躺在我的游戏垫子上，在我的上方晃动着各种各样的彩色玩具：有一个圈圈、一个长脸的娃娃。如果我扬起手臂，拿手用力地打向空中并且碰到了它们中的一个，会发生什么事呢？

手臂、手掌、双腿、双脚——这些是干什么用的呢？我可以怎样利用它们来对我想要的东西做点什么呢？我的小皮球、小杯子、塑料钥匙串、小滚珠……当我成功地移动了玩具或者其他东西时，我就会非常兴奋。当别人走过来在我面前移动玩具的时候，我不会长时间地保有兴趣。我更愿意自己动手。

伸手可及的东西更有趣

在我抓取范围内的东西、那些我伸出手臂就可以碰到的东西——手摇鼓、圈圈、毛绒玩具——我都会看得更为仔细：躺在床上的时候，我会研究小床上方的活动玩具；躺在换尿片的台子上时，我就观察摆在我身旁的红色小球。没有直接放在我眼皮子底下的东西常常会被我忽略。超出我抓取范围的东西都不重要。房间、屋子这些对我来说都仍然是遥远的陌生大陆，是未知的世界。还需要再等上一段时间，我的目光才会从我身旁熟悉的东西上移开，然后转向其他地方。我现在光是研究面前的东西都还忙不过来呢：尿片台上的那管润肤霜、我眼皮子底下的布偶兔子，等等。

成长小提示

人生是一间实验室

小小探索家相当急切地通过对原因和结果的不断了解让自己参与到世界中来。因此，宝宝需要具有促进作用的研究资料，并不一定非得是玩具，其他东西也是能派上大用场的：

> 可以是一个帽子，宝宝会把它塞进嘴里，揉来揉去，让它面目全非。

> 也可以是一方木块，宝宝可以拿着它在空中挥舞。

> 或者是一把梳子，可以让宝宝扔到角落里去听听它的声响，并且见识一番什么叫作"万有引力"。

体验日常生活、随机应变并且以平和的态度来面对孩子的或好或坏，而不是总是禁止这样禁止那样，这才是对感受能力最有意义的学习方法。

求知若渴的小小科学家

你家的小小研究员所积累的全部体验都在他的大脑中留下了痕迹。这样一来，在早期阶段就会有大量的痕迹遗留下来。

宝宝已经有了很大进步，也许他已经比你认为的走得更远。当他"工作"的时候，当他的大脑在高速运转的时候，抑或当他完全沉浸在自己的游戏中时，从外表来看他会显得格外安静。因为小小研究员既不想被分心也不想玩闹，他需要足够的时间和空间来完成他的"工作"。别人却不一定会了解在什么时候他的小脑瓜会激烈地嘀嗒运转。你的宝宝就像一位科学家那样在探究着世界，十分彻底、极具耐心，也非常有求知欲。

他的注意力集中在自己的双手上：我能拿这两个东西做什么呢？他手舞足蹈，又是挥手又是踢腿——真有趣啊，腿还可以这样动啊，可以踢到这儿也可以伸到那儿。在这样的情境下你的宝宝体验到了自身的效能。"自我效能感"是加拿大心理学家艾尔伯特·班杜拉在20世纪70年代提出的概念，其意义为：我们感觉到自己可以凭借自身能力做到我们想做的事。这是你的孩子今后整个成长过程发展的基础所在。

发现新事物，认识旧事物

你的宝宝在热切地探究着他身边的一切。这并非出于模模糊糊的好奇心，也不是出于无聊，而是因为他想要弄明白，生活是按照什么样的图案来编织的。他坦诚而快乐地开始生活。他的坦诚和快乐也感染着他的父母。

你的宝宝热爱研究世界和塑造世界。

宝宝在很早的时候就已经领会了世间事物的某些关联。从出生开始他就想知道什么东西是用来做什么的——这是美国心理学家杰罗姆·布鲁纳的看法。布鲁

这个阶段不存在娇惯

被抱起来，再一次被抱起来——整个下午都是被抱来抱去。被抱在怀里探索世界，从书架子到电冰箱——还要去哪里呢？什么时候这种"抱来抱去"会变成类似娇惯的行为呢？完全不会。在第一年里不会碰到娇惯的问题。孩子的好奇与探索欲应该根据情况及时地得到满足。父母要关心孩子的需求，给予孩子他需要的东西。正如我们说过的那样：每一声哭喊都是呼救。恰当的反应应该是：聆听孩子的信号，与他保持联络，安抚他。这些都会储存在他的大脑中，他将知道："我能得到我需要的东西。"

纳致力于研究对感官印象的认知性加工，他对"发现式学习"这一概念有着深远影响。

如果在你家宝宝面前的是妈妈或者爸爸的脸，现阶段的他早就能够辨认出这是你们的脸——无论他看到的是正面还是侧面，也不管你们是开心还是正在烦恼。你们的脸会有所变化，但在他眼中却仍然是你们的脸，这对宝宝来说是一目了然的。

当宝宝收到一个新玩具的时候，他会更快地把手伸向新玩具，而不是已有的旧玩具，他玩新玩具的时间也会更长。简单的形状、鲜明的颜色会吸引他，还有色泽或浅或深的圆圈，或耀眼或粉嫩的色调。一个东西的关键特点以及它的构成是什么？大小、重量、颜色、形状——当宝宝把东西抓到手里，他就会在玩耍中了解这些问题。这段时间以来，他已经能够很有力地抓住放到他手里的大小适中的物体。

不同点与相同点

宝宝在不停地玩耍。他的神经系统记录下不同点和相同点，并从中整理出条理——这一行为是自发自动的，是没有目的性的。宝宝就这样产生一些自己的设想，对世界是怎样运作又是按照哪些规则运作进行了猜测。他推断着事物和情境的含义，于是这些东西在他的世界体系中就拥有了各自的意义。

举例来说，当你给宝宝喂奶，或者在喂完奶之后给他换尿片的时候，宝宝的大脑会储存整个过程和所有动作以及他在这个过程中的感受。大脑会对这种不断重复的体验进行比较，检测这一次和上一次过程中的相同点和不同点，然后会整理出这一经历的"范本"存入记忆（情节记忆）。这种典型的模式为宝宝体验自身以及世界打造了一个基础。它对孩子今后将如何回忆自己的童年肯定也会产生重要影响。

什么事情会引向何种目的？

这样的问题在成长的早期阶段会让你的宝宝耿耿于怀，由婴儿研究学家进行的下列实验就证明了这一事实：

> 用绳子把婴儿的一只脚和一个在上方摆动的玩具系在一起。婴儿活动脚的时候，玩具也就跟着一起动。几个月大的婴儿已经能够认识到这两者之间有关联，他会兴致勃勃地一再尝试这个游戏。甚至在数周之后，也就是说在间隔了较长一段时间后，婴儿仍然会记得这个游戏，一有机会他就会再次玩起来。

> 有一个玩具鸭子慢慢地走过来并消失在纸板后面。然后你把纸板拿开，但鸭子却不见了。这时宝宝会惊讶不已。为什么鸭子消失啦？它应该在那里才对啊！参与这项实验的婴儿们注意到了这个古怪的消失现象，从他们惊诧的小脸上可以看出这一点。这很厉害，不是吗？

> 现阶段的婴儿已经对关键性的区别有了概念。狗、猫、马，它们全都很相似，但是又各不相同。把五张不同的猫咪图片陆续拿给婴儿看，他的兴致会慢慢地减退。如果这时再给他看一张狗的图片，他的兴趣立即又回来了。现在的这个东西有点不太一样啊……于是婴儿又打起了精神。

小小探索家在探寻世界的准绳与"头绪"。

追根究底

儿童神经系统的特有设置使得他不断去推敲身边环境的规则和规律，去寻找关联以及事情的意义。婴儿想要得到清楚的、可以理解的示意和解释，因为大脑需要明确的答案来完善自身的发育。玩耍和研究绝不是成长过程中的附带动作，其目的也不在于"消磨时间"。玩耍意味着：学习，并且找出规则与准绳。

在游戏中体验"原来如此"。这样的促进方式轻松有趣，不会带来压力。

成长的促进——非这样不可吗？

　　与宝宝的共同生活从一开始就不仅仅是只围绕着哺乳、换尿片、睡觉这一类的切身需求。当宝宝刚刚几个月大的时候，一些父母就已经按捺不住地摩拳擦掌，又或者忧心忡忡：到底什么时候可以开始？什么时候我们可以并且必须开始着手孩子的第一项促进计划？这些父母因为看了媒体介绍的一些神经生物学研究结果，于是认为必须尽早参加各种培养项目，从而让孩子尽可能多地运用大脑的不同区域。

"机不可失，时不再来"，这话对吗？

　　有一句核心句子被有些专家引为真理，也有很多父母喜欢把它当作行动的指导方针，这就是"use it or lose it"（不利用，则错失）。在神经系统中，只有经常使用的那些连接才会相应地凸显出来并且被存留下来。据神经学中强硬派的观点，这些连接将组成大脑的硬件，一生都不会再变化。

著名神经生理学家沃尔夫·辛格提出"大脑功能结构"这一说法，认为这个结构在婴儿出生的第一年里会永久性地确定下来。这样一来就会出现下面的这些情况：

> 音乐家大脑中负责音律和听力的区域比不从事音乐的人更为突出。

> 经常开车的人他们大脑中负责辨位能力的部分比很少开车的人突出。

早练早好？

一部分父母根据上述情况得出了这样一个结论：为了让我们的孩子尽可能多地产生并运用神经细胞以及神经连接，从而让他将来能够精力充沛地面对人生并且创造优异的成绩，我们最好尽早开始大脑训练：

> 哪里有幼儿歌唱班？

> 什么时候应该把毫无计划的玩耍变成有针对性的寓教于乐？

> 星空究竟怎么运行，花草树木又是如何生长？我必须要给孩子准确地解释一切事情！

婴儿和低龄儿童应该学习的并不是成人认为有意义的东西。

参加额外的培训班、学习各种课题，对今天的婴儿、低龄儿童和幼儿园的孩子们来说并不是稀有现象。然而，心理学家艾尔斯贝特·斯坦恩却认为，这种流传甚广的早教班对孩子没有任何作用。她主张父母应该放松心态。她的论据是：没有任何证据证明早教方案和婴儿班能把孩子培养成智力出众的人。

神经生物学家杰拉德·胡特认为，婴儿和低龄儿童应该学习的是：

> 有意义的事。

> 有乐趣的事。

> 以儿童的需求为出发点的事。

限制刺激量

宝宝用好奇的目光打量着世界，他仿佛在思考：真不可思议啊，生活是这么

共同探索世界

如果有关心、爱护他的家人与他说话，为他展示并解说这个世界，那么你的孩子会得到最佳的学习效果。当宝宝感觉到你会受到他热情与好奇的感染，并且愿意和他一起体验这个世界的时候，他的注意力还会继续增长。只有当宝宝拥有关爱他的父母和守护者们围绕在他身边时，他成长的马达才会轰轰烈烈地运作起来。儿童想要尝试，想要探究世界，想要通过自己的眼睛和方式去观察，而他们日常生活的玩耍比在内容单一的学习班上能更好地实现这些想法。孩子们的成长需要自由的空间。它可以是一间厨房，大人在这里烹饪、烘焙和打扫，孩子们开始的时候在一旁观看，将来可以一起动手。也可以是一道楼梯，孩子一开始只能够一阶一阶地费力地爬上爬下，将来就能够蹦蹦跳跳地攻克它。还可以是一只猫，首先是让妈妈抓着自己的手小心地去抚摸它，将来可以和它一起玩毛线团。

多姿多彩。树上的叶子在风中摇摆，书架上每一本书的大小和颜色都不一样，我的垫子上有这么多的玩具，它们大多都能发出声响……到处都有东西在刺激着宝宝的眼睛和耳朵。

你的宝宝收集着数以百万的印象，每一个体验都在促进他的成长。他对周围环境的兴趣一天比一天浓厚。宝宝对日常环境的感受类似于我们成年人在陌生地区旅行时的感觉。在这样的旅途中，所有东西在我们看来都是新奇有趣的，但同时也会让人茫然无措。而这样的体验对婴儿来说就更强烈了——对他而言，整个世界乃至他自己都是全新的。

宝宝需要刺激，但也需要时间来消化它们。

假设我们自己是婴儿，我们会无限惊奇，会精神抖擞，会因为大量的印象刺激而感到疲惫，同时也常常因为过于兴奋而无法入睡。很多事情我们都应付不了，还总是被误解。我们时常力不从心，并因此灰心失望。我们难以从信号、仪式、古怪的声响和气味的旋涡中挣脱出来，因而时常会觉得迷惘。

总而言之：儿童渴望依靠和支持，他们渴望有人能一方面带给他们许多新的体验来帮助他们成长，另一方面也能对无穷无尽的外界信息加以限制，不让他们被各种刺激淹没。为人父母的艺术就在于，能在这两个端点之间为孩子创造平衡。

时间并不重要

没有过往，也没有将来，只有当下才是重要的：小孩子们永远在不受时间限制地前行着。在这个如海洋般广阔而陌生的环境中，他们就像冲浪运动员那样发现着一个又一个想要追逐的新浪花、新迹象。那边突然出现了一个新的诱惑，于是他着手研究：那可能是妈妈的脸，又或者是爸爸的手，一会儿又失去了踪迹。下一波浪什么时候到来呢？

除了妈妈的脸、爸爸的手之外，物理或者心理印象也可以成为婴儿的研究对象。你的宝宝对夜幕之下手电筒发出的光会做出什么样的反应呢？当看到红色的覆盆子果汁在一杯水里溶化开来时，当看到一只在墙根晒着太阳还连连打哈欠的猫时，他又会有怎样的反应呢？他的注意力能维持多长时间？

请观察你的孩子并与他一起思考，和他一样把全部的注意力投注在当下，投注在眼前正在发生的事。

你的宝宝一方面渴望依靠与支持，另一方面渴望能够探索新事物。

你明白我在说什么吗？

现在的我还没法讲述我对这个世界的看法，因为我还在练习说话。甚至在叫喊的时候，还有在自言自语的时候，我也在练习。

用眉目来交流当然是件很美好的事情，但是一旦我能够真正说话时，你将会对我了解更多。于是我勤学苦练，自己和自己"聊天"，也和你"交谈"。我试着模仿你所示范的音节。我咕咕地叫、咯咯地笑，我呢喃地说、嘻哈地闹。我探索着围绕在我身边的一切声音。我最喜欢的是"啊"和"咿"。这段时间以来我已经可以把音节串成一串，常常可以成功地说出"哒哒哒"或者"嘎嘎嘎"。但是要连续说出更多音节的话对我还是挺难的，还得多练练才行。

有的时候你会和我展开"对话"：我用自己的音节串来开场，而你则回应我一段长长的话，像"是啊，没错，你说得对！"或者"你今天心情很好嘛！"我一直用时大时小的声音和时高时低的音调一个人叽里咕噜，而你则总是重复我的音节，声音有时闷闷的，有时很响亮。你对着我含混地嘟囔、叽里咕噜，时不时也夹杂着很"大人"的语句。而我的理解能力也越来越棒了。我开始明白，字句不仅好听，还有某些含义。我也知道你想用字句和话语告诉我一些事情，并且为我完整地讲述故事。偶尔我也喜欢自己一个人练习，最好是在床上练。这个时候我不想有人来打搅我。在这样的静谧时刻，你会听到我最精彩的声调和语句，高高低低、反反复复。我耐心地练习着，也非常喜欢听自己发出的声音。

语言能力开始迅速提升

你的宝宝对生活的要求越来越多。小小探险家需要通过字词、语法来理解世界并表达他们的看法。

每一个婴儿都是社会生物，因此他们需要学习语言。"我想要被别人理解"，这就是他的目标。他会自动自发地去学、去练。一个人想要与其他人联络和交流，想要形成自己的想法并表达自己的感受，就需要语言。具备了语言能力和表达能力的人以后才能依靠自己去了解世界。

你的宝宝像一块海绵似的吸收着他所听到的话语。从一开始他就在注意回荡在妈妈、爸爸还有其他人之间的声音。当大人们滔滔不绝地说话时真是太美妙了，尤其是和他说话的时候。但是只做一名听众那可远远不够。一旦能够调动起嘴唇、下巴和舌头，你的宝宝就想要参与到谈话中去。在若干的"支支吾吾"之后，他叽里咕噜的嘟囔声会逐渐变成兴致勃勃的喋喋不休。这是一种动力，推动着你用婴儿语言和宝宝对话，变着花样地拓展音节串。宝宝全神贯注地盯着你的嘴，他的小脑瓜在溜溜直转：这是一个新乐子，一种新游戏！

通过密集的聆听，神经细胞之间的连接将被激活并趋于稳定。孩子什么时候开始说话取决于他的基因结构以及环境的影响。经过大约半年时间，宝宝已经听过了大量的母语音节，他可以准确地加以识别——即使语言中有着极多的变形，诸如方言和俚语等等。他努力地复述这些声音，努力使自己发出的音节听起来与此相似。那些没有被使用过的音节会被遗忘——不加以运用的东西就只能沦落到废纸筐里去。

83

一周岁前的几个月

生命在于运动

宝宝爬上爬下忙得不亦乐乎，
他的咿呀乱语也越来越像模像样。
他在四处打量，想知道这个世界为他准备了什么。

我的人生伸手可及

亲爱的妈咪，我正在尝试怎样才能在人生的道路上更进一步。我的下一个任务是：牢牢地把东西抓在手里。

我躺在你的肚子上把两手张开，这样就能好好地托住自己；我挺起上身、抬起头，这样就能更清楚地看到我的周围都有些什么。这个动作我练习了很久，并且乐在其中。要把沉沉的脑袋抬起来并且保持这个姿势，这对我来说仍然是件挺辛苦的事情。渐渐地，我的身体能做出更多我想要做的动作。现在我能够向着准确方向把手伸向我的奶嘴或者面前的圆环，并且能成功地抓住它们。这段时间以来我能够很好地抓并且抓牢东西：

> 我能够两只手同时抓取并且抓牢东西。

> 我能够用任何一只手抓牢东西。

> 我能够把玩具从一只手转到另一只手上，并且握住。

> 我的最佳握姿：我把大拇指和食指组成一个夹子，用来捡起地上或者桌上的面包块甚至碎屑，然后凑近眼前细细地看。

我不管找到什么总喜欢往嘴里放——在离我周岁生日只有几周的现在，我仍然如此。你知道我非常好奇，而且我还会变得越来越好奇。我想知道我最喜欢的布猴子摸起来是什么感觉：它抓在手里很扎手还是很柔软？是轻飘飘的还是沉甸

成长小提示

右手还是左手？

大多数婴儿和低龄儿童对使用哪一只手都有一定的倾向，不过这种偏好并不稳定。有时是右手，有时是左手，有时是双手齐下：很多孩子都会试验很长一段时间。这甚至有一定的意义：这样一来，两只手都能够得到锻炼，而大脑的左右两个半球则在抓取、握牢、坐姿训练、挥手、比画、投掷等过程中都得到了运用。请经常为你的宝宝提供训练双手和双臂的机会，可以让他抓取不同形状的物体，使用的物体可以有的粗糙，有的光滑；有的较重，有的轻巧——比如积木、图画册子、抹布、塑料杯……

甸的？我的杯子摸起来又是什么样的呢，它光滑又坚硬吗？我现在可以很好地抓牢我的玩具了，于是我对世界的了解更多了。我观察事物，同时也触摸和感受它们。

爬向广阔天地

　　长时间以来，"前进"对我来说是这样的：趴在地上，右臂向前，左臂向前，拖着两腿。真累人啊！而这几个星期以来我可以做得更好了：

> 我可以趴着，两臂支持身体以便能够端正地坐下并且保持笔直的坐姿。

> 我能够跪在地上，同时用两手支撑自己并且用膝盖往前滑行。

> 这段时间以来，我能爬得像风一样快，你对我赞赏有加。我爬着穿过房间，然后沿着过道继续爬行……自从我能够爬了之后，我看到了世界更多的地方，因为哪里有刺

87

激的事物可供探索，我就会爬向哪里。向前爬，横着爬，倒着爬——我想怎么爬就怎么爬。那么我还要跑到哪儿去呢？

> 我爬向沙发，扯了扯放在沙发上面的毯子。毯子下面有什么东西呢？我非得一探究竟不可。

成长小提示

爬行阶段

在有的孩子快要学会爬时或者已经开始爬行之后，如果让他们俯卧，他们就会像被捞出水的鱼那样来回舞动。他们伸展着四肢，没完没了、兴高采烈地晃动摇摆。在很长一段时间里，人们一直以为这种举动没有任何意义。今天的专家却从中看到了孩子的一连串问号：我怎样才能应付重力问题？我的手臂和腿能伸多长？我会撞到东西吗？撞到的话会有什么感觉？这项训练会不断重复，直到大脑中相关的神经回路完全形成。另外一些孩子更喜欢以四肢着地的方式摇摆，同时待在原地。这也是一种练习。请不要打搅他们的训练，不要把他们往前"推"或者没完没了地拿玩具引着他们往前。让他们自己好好地练，当他们活动的时候让他们照自己的速度来进行。至于在他们旁边跟着一起爬，这个游戏可以留待以后。

> 我爬进厨房，立马就开始尝试着打开橱柜的门。成功啦！柜门大大地敞开了，还砰的一声撞到了椅子。门后头藏了些什么东西呢？我可不可以拿一点出来？

> 我爬向书架，想要从架子上拉出几本书来。最好是大块头、沉甸甸的书——不过，我能够顺利搬动它们吗？

留在我身边！

我爬来爬去，我出发上路，但是我在这个时候的感受却相当矛盾：

> 一方面，我不想爬得太远，因为我需要你的陪伴，这样在需要的时候我就可以躲在你身后寻求保护。当你在我身边的时候，我更有安全感。

> 另一方面，我总想远走高飞，奔赴广阔的世界，而不是被绑在爸爸妈妈的身边。自力更生是很需要勇气的。大多数时候我都决定留在附近。当你在我身边时，什么也伤不到我，这一点我很确定。

> 你注视着我，对我微笑，这意味着一切都好。你的微笑带给我安全感，也激励着我勇敢向前。

> 当你不赞同地摇着头说"不行"的时候，我知道，你觉得这样不妙。这时我就会停下来。不一定每一次都会停，但常常会这样做。比如说，有一辆玩具消防车朝我开过来，我先看了看小车子，然后又疑惑地看向你。如果你微笑，我就会满怀好奇地爬向那辆叮当作响的消防车，让它停下来然后仔细地检查它；如果你的反应比较谨慎，我则会躲开叮当响的救火车并且藏到你身后。

白天的时候我时常带着询问的目光看向你，想知道玩耍的时候你的神色是好还是坏。从你的眼睛里我看到的是"行"还是"不行"。在"好，可以"和"别，不行"之间往来反复是我们最喜爱的游戏。当你和我说话的时候，我能从你的语调中听出你的想法。当你的嗓门比平时高或者拉长了调子说"要非常非常小心哦"时，我就会知道，我应该特别当心才行。但如果你用很轻松的语气说"很好，做得好"的时候，我就会继续下去。

你所表达出来的情感和你的态度都是我的指南针，给我指明了前行的方向。你认为正确的事情，我也会当成正确的，因为我是在用你的眼睛看世界。

我的安全港湾

当我大着胆子爬出去很远却不知道接下去该怎么走的时候，我会开始害怕。如果你能在这个时候安慰安慰我，那就太好了。抱一抱我吧，你是我的安全港湾。当我坐在你腿上的时候，那就万事大吉啦。或者可以让我拉着爸爸的手，又或者让奶奶给我唱唱歌。尤其是我心情不好的时候，这对我很有帮助。就算是我也会有心情特别糟糕的时候啊！在这样的日子里，我没兴致"探索世界、观察四周"。千万别，今天真的不行，也没有这个必要。我更愿意在你的腿上坐坐，和你拉拉手，或者听听你唱个小曲儿。

每一个动作都让视野更开阔

宝宝的生活中终于有了运动。今天他的小手比昨天更厉害了，他的双腿也是一样。这些都让宝宝很开心。

在探索生命的旅途上，运动就是王道！

宝宝显然已经知道调动他的小手小脚来做很多事情了：这段时间以来他能够勇敢地抓东西，不借助别人的帮助他也能自己滚动地、双手撑地或者手脚并用地往前爬。在这样的"体操训练"中他对自己、对生活有了更多的了解。因为运动除了能锻炼肌肉，也为进一步体验自我、体验世界打开了大门：

> 对着五颜六色的塑料钥匙串只能看不能玩，时间一久就会很无聊的。当宝宝抓起玩具钥匙、紧紧握住它们、用手指触碰、把它们塞进嘴里并用舌头加以检验的时候，他会相应地得到更多信息。只有在这个时候他才会对彩色钥匙串有一个总的印象，才会对钥匙的形状、表面特性、味道和重量有更多了解。

> 穿过房间爬向摇椅，这是一个很棒的体能训练。你的宝宝终于触碰到长时间以来他一直想触碰的东西，比如落地灯的开关，又或是架子上的杂志，等等。

运动机能相辅相成

你的宝宝越是能够灵活地运用手指，他就越会积极地去触摸他的玩具——舌头也会被调动起来。越是能熟练地前进——不管是用双手还是四肢爬行，他就越能受到激励，从而更好地促进他的成长得到：在宝宝观察并研究世界的过程中，他的心智得到了开发。每一个小小的动作都能激活大脑以及运动器官中复杂的处理系统去进行处理。这是一个漫长的过程，极其纷繁复杂的成长过程会一直持续，直到所有动作都真正地"到位"。新的运动能力是在已有能力的基础上建立起来的。你的宝宝只有在发育到一定阶段之后才能继续进步，也就是说，当他的大脑已经为下一步的成长做好准备，相应神经细胞的连接已经就绪的时候，他才能继续成长。当宝宝的大脑足够成熟时，刚刚形成的神经细胞连接会继续完善并且开始分岔，在这之后，宝宝的生长发育就进入了下一步。

只有那些不断得到刺激、经常被使用的神经细胞接触点（神经腱）才会被巩固保留下来，而其余的则会永久性萎缩。这意味着已经形成的无数神经腱将再度消失。这个过程将从孩子快满一岁时开始，一直持续到其成年初期。

多种因素彼此相关

孩子的运动能力也取决于一些其他因素，比如他的基因结构、感官发育、健康状况以及积极性和所获取的感受和刺激，等等。随着年龄的增长，肌肉和大脑中相应的神经细胞逐步成长，笨拙的动作会随着时间推移变得流畅而且方向明确。这一成长过程是受到视力发育影响的。因为在此期间，宝宝视觉的清晰度逐渐增高，对空间的感受能力也越来越高，这对运动机能来说就意味着宝宝现在能够把手臂的动作和对玩具的感知完美地协调起来，可以很好地控制动作的配合。这样一来，抓取的动作就更有方向性。这就叫作手眼配合。

长时间以来，宝宝的触觉也一直在高速地运转着，对相应刺激的处理速度与出生后的头几个月相比有了明显提高。随着经验的增加，宝宝的动作也越来越精准。

大量运动，大步向前

我们的运动模式是由上而下，也就是从头到脚发展起来的。为了让你能一目了然，现将动作中重要的里程碑式标志再次总结如下：

> 脑袋和脸部动作：你的宝宝能微笑，抬头并支撑住，转动头部。

> 手臂和手掌开始大量动作：能抓取东西并能抓牢。

> 双腿动作：踢腿、爬行、站立和跑动都是成长的任务。

一般动作技能和高级动作技能

动作控制能力的发育分为不同的领域：

> **一般动作技能**　负责身体的姿态和移动。它的重要发育步骤有：可以独立完成抬头、翻身、坐立、爬行和起立，还有最后的行走。

关于"不"这个字眼

要照顾一名满地乱爬的孩子，就难免在出现危险的时候经常使用"不"这个字眼。

"不行，别爬到楼梯上去……"或者"不可以，别把书从架子上扯下来！"在这种时候，首要的一点就是前后要保持一致。因为既然说过"不"，那就应该尽可能地始终贯彻下去。孩子们需要明确性，需要清楚无误的导向。其次，你应该尽量省着点说"不"。经常遭到"不行、不可以"阻挡的孩子总有一天就把"不"字当作耳旁风，于是这个重要的字眼也就失去了它的效用。

> **高级动作技能** 负责手势以及抓取。它的重要发育步骤有：活动手臂和手掌；抓取；用整个手掌握牢；使用大拇指和食指捏紧；最后还有利用拇指和其余的手指做出的所谓钳子或镊子式的夹取动作——这个动作甚至能捡起细小的碎屑。而放下、传递、抛扔物体这些动作，大多要到孩子一周岁以后才能良好地完成。

每一个动作都能开阔视野

孩子在爬行阶段迈出了通向独立的关键一步。爬来爬去的宝宝越来越活泼好动。他能够在房间里行动，并且是自己行动，无须助力。爬行中的他是独立自主的，他脑子里有目标，而且说走就走：我要去那里！

自己应付长长的爬行路程，与此同时越来越好地掌握平衡，自己定下目标并且努力抵达目标，这些都是能让孩子自豪的体验。对每一个孩子来说，这都是极好的经历，是对独立自主的概念模糊的启蒙，他会觉得：有了不起的东西正在向我迎来。总之，这一切对他而言是人间天堂。乐观——"世界的滋味如何？"——是他对人生的感受。因为每多一点自我肯定，他的内心就会多一些成长。谁能做大量的尝试并通过自己的力量实现目标，谁就会为自己的能力而欣喜。不用再彻头彻尾地依赖他人，这真是妙不可言。即便是小小的宝宝也已经感受到：能够很大程度地掌控自己的行动是多么让人满足的一件事。自由的滋味是美好的，请再多来点！在此期间也有筋疲力尽的时候，满满的勇气也会突然转变为恐惧，于是孩子会从作为安全港湾的爸爸妈妈那里寻求庇护。在这之后又会能量满满，再次出发！

每个孩子都不一样

每个孩子运动机能的发育都遵循着内在的规律，这个规律是我们无法施加影响的。抓取、握牢、爬行以及将来的跑动，你的孩子在自学成才。每一个宝宝都有自己的学习方式，这些方式没有必要与我们所期望的"正常"范畴吻合得一丝不差。比如说，孩子是先学会坐还是先学会爬，每个人都各不相同。有的孩子甚至完全跳过了爬行阶段。运动机能的发育是丰富多样的，其形式远比至今人们认为的那样更加广泛。

当孩子在某个领域中发育得很早，并不意味着他在别的方面也能以同样惊人的速度发育。举例来说，好动的孩子常常会把精力集中在爬行上，同时为将来的直立行走做好准备，于是就忽视了其他方面，比如学说话。或者反过来：常发出叽里咕噜声音嘴巴闲不住的孩子把精力集中在了对语言的理解上，他也许无法同时兼顾走路的学习。

成长小提示

回忆童年时光

作为父亲或母亲的你如果能经常性地回想一下自己的童年时光，并问问自己下面几个问题，你大概就能更好地理解自己的孩子了。

> 当年是什么样的情形呢？我是独生子女还是有姐妹兄弟？

> 我的父母是不是有意识地对我提出要求？如果是，他们是怎么做的？

> 他们是在日常生活中顺便提一提要求吗？哪些东西我可以偶尔借鉴过来用用？

> 他们鼓励我了吗？如果是，他们是怎么做的？

> 他们是否目标明确地引领我步入人生？步入什么样的人生？

> 他们为我做了哪些榜样？今天的我能想起哪些事情？

> 他们有着怎样的世界观？它也成了我的世界观吗？

要回答这些问题并不容易，尤其是当这些问题会引发一些不好的记忆时。但这却是值得的，因为通过这种自省，你将能更好地与自己的孩子相处。在反思与回忆的过程中你会遭遇那些对你影响至深的东西，你将得出结论：这样对孩子好，那样不太好。哪些应该重复，哪些我可以模仿，而哪些又不可以。

习惯是我的王牌

亲爱的妈咪，我真开心拥有一个家，也很高兴大家能帮助我，支持我，至少大多数时候是这样啦。我还能区分出哪些是熟悉的人和物，而哪些又是陌生的。

我舒服地躺在自己的婴儿车里，左左右右、上上下下地打量着这个世界。我忙于整理新的印象。四处打量真是一件让人着迷的事情。更重要的是，你就在我的身旁。你是我安全的基石。我们在一起的时候，我们会玩一场两人早已熟悉的老游戏：我望着你，你望着我。当我们的目光彼此交流的时候，我会感到心满意足。当你和爸爸在我身边时，我的世界都闪着粉红色的光芒。你们的目光、手势和谈话，统统都是我最熟悉的东西。其他熟悉的人还有经常跟我玩游戏的爷爷奶奶和叔叔。你们喜欢我，照顾我。因为我知道你们真的关心我，所以大多数时候我的心情都美美的。你们五个人能见到我最美的笑容，而且是经常性的哦。今天来照顾我的人是爷爷，但是那个声音低沉、坐在沙发后面的人是谁呢？这人我可不认识，他让我觉得害怕。我哭了起来。爷爷安慰我说："这是我的一位朋友。没事的！我就在你身边啊！"当我坐在你们腿上的时候，我觉得挺舒服的。我偶尔还会见到我的阿姨、我们的邻居等等。有很多人我还不太熟悉，他们看我的眼神和你们不一样。我不会马上走向这些人，我喜欢先等一等再说，也不会马上就对他们笑。陌生人常常让我感到害怕，所以当他们靠近我的时候，我就会哭。但如果你，或者爸爸，或者奶奶……总之你们其中任何一个人来到我身边的时候，我很快又会没事啦。

94

眼不见，心不烦

一岁之前的宝宝和为数不多的几个重要的亲人之间建立起了一种独一无二的亲情。

当最重要的亲人不在身边的时候，宝宝可能会焦躁不安。快满一岁的宝宝有时也许还会一边爬一边喊地动身去找他们——这是建立起亲情的一种迹象。一旦找到了自己熟悉的人，通过经验，他会知道："在他们这里我很安全。"

小孩为什么会怕生？

到目前为止，你的宝宝主要只生活在当下，他无法设想生活中的事物其实可以变得和之前不一样。迄今为止他主要对可触及范围以内的东西感兴趣。然而这一点正在改变。有专家认为，这一阶段的宝宝开始对时间和人际关系有了初步的概念。对陌生人他体会到了不熟悉感，但却需要时间才能意识到新的印象是与新的感觉联系在一起的，于是他会觉得不那么安全。这个突然出现在他面前的陌生来客是怎么回事？这个人他既不认识也没有信任感，即使这人笑得那么亲切，还叽里咕噜地逗着他玩。

有的专家推断，宝宝在七八个月的时候开始明白什么是陌生，什么是熟悉。也有的专家认为对陌生人的恐惧来自原始时期，那时的氏族群体中并非人人都对小孩温和亲切。

另外，和从前相比这个阶段的小孩很少会怕生，因为现在的他们通常很早就开始接触人群，也积累了不少社交经验。在大多数时候，怕生的情况很快就会过去。

发育良好的信号

怕生似乎是一种普遍的现象，大多数八个月大小的孩子都多多少少有这样的表现。从前人们说，这是犯了"第八个月的胆小症"。有证据表明，和父母之间有着丰富而紧密的互动经验、觉得在父母身边比较有安全感的孩子，在这个时期会表现得特别怕生。美国发展心理学家汤姆·鲍尔对此做出了可信的解释：这些孩子和其他孩子不同，他们已经拥有了成熟的语前沟通体系——这是在过去的几个月中逐步建立起来的、为自己的父母和亲人量身定制的一个体系。但如果有外人闯入视野，这个体系就失去了作用。而孩子却没有备用的交流策略，于是他们会表现出退缩、害怕和抗拒。

与习惯的严重偏离

怕生也许和智力的发育有关。在六到八个月之间，大多数孩子在自己心里都为父母和其他熟人描绘了很有正面意味的画像，即所谓的意象模板。当靠近他们的人的形象与这个意象模板有着极大的偏离时，他们就体会到了一种让他们害怕的差异。尤其是当看到陌生的类型时，比如当他们看到高大的黑发男子或者长络腮胡的黑皮肤男子，而自己的父亲却个头偏小、发色金黄、白皮肤且不留胡子，这时他们就会格外怕生。

成长小提示

谅解怕生的宝宝

孩子会用转移目光的方式来减弱自己对陌生人的恐惧感。他可能会惊恐地退缩，接着会再次看过去，然后又移开目光。如果你能把他抱进怀里，安慰性地和他说说话，就能帮助他把陌生纳入熟悉的行列。这位"陌生"的人——可能是父母的一位朋友——应该和孩子稍微保持一定距离，兴许可以试着借助一件有吸引力的物品和孩子展开互动：滚一滚皮球，或者摇一摇灯具下边的珠链……如果想要孩子渐渐放下防备，就需要细致悉心地感受他发出的其他沟通信号和表达的交流愿望。

如果所有安慰和引开注意力的手段都不奏效，如果宝宝就是哭个不停，那么请心平气和地停止这些举动。请不要因此就认为孩子承受不了陌生环境和无法接触陌生人。年幼的宝宝需要不同的环境（公园、咖啡馆……）和不同的人（邻居、友人……）来适应人生。

老熟人和新朋友

在宝宝看来，亲近的人是无可替代的。当宝宝与一位亲近的人结束关系之后，这个关系是不能通过新人的加入来取代的。每当有一位新"朋友"进入宝宝的生活，他只会与这位新来的人慢慢地建立新关系。宝宝需要时间来连接新的、持久的关系。你要有耐心！慢慢地，他又会发挥自己的技能：微笑、打量、玩耍……

父母：迫切需要，但并非总是需要！

"新"关系是与"旧"关系并存的，而不是取代。如果处于这个发育阶段的宝宝习惯了越来越多他熟悉的人，一旦有"新"人出现在他的视野中，他的反应也会更镇定自若。因为这样的情况他已经体验过了，也有了经验来做出应对。

长时间没有熟悉的人在身边，会让宝宝感觉很糟糕。他的反应将是伤心、生气或者沮丧。"孩子还太小，不会真的注意到的"这种说法一开始就不对，现在就更没道理了。但熟人的角色并非每一分每一秒都必须由父母来担当。

获得安全感

对宝宝来说，作为母亲或者父亲的你始终都是一切事情的支点。你是最先为宝宝展示、解说世界的人。如果亲子关系良好，你就是可靠以及安全感的标志。于是在孩子的心里，你就会位于监护人这座金字塔的最高处。当孩子在情感上有所依靠，当他得到足够的关怀、温暖和触碰——在这个阶段，对健康的发育来说肢体接触就是最佳补品——他就能更好地迈出脱离"妈妈的羽翼"的第一步。

排在妈妈和爸爸之后的是奶奶、爷爷、保姆……他们通常也很受重视。如果"陌生的看护者"很有爱心并且很可靠，那么宝宝也会受益良多，因为他能早早地就积累不同的社交经验，这也能促进他的独立。

成长小提示

确认：我在这儿呢！

宝宝在地板上溜来溜去，自己玩得不亦乐乎。请你待在一边，时不时简短地说上一句"好棒"或者"是这么一回事啊"来对他的游戏予以肯定。这种确认对孩子意味着：一切都好，我可以继续玩。这种初步与宝宝保持距离的行为即使很微小，也是能够促进他的独立性的。

我们的手语渐入佳境

亲爱的妈咪，我们仍然在没有只言片语的情况下一如既往地"模糊"交谈着。我的第一个词语还迟迟不见踪影。

我们向彼此展示着世界。今天要看的世界是我的婴儿房。你告诉我你喜欢哪些东西：墙上挂着的画、窗外的风景……我也告诉你我想要看什么：活动玩具、我的小床。我现在也会指向离得较远的东西：房间那头的大门和角落里的柜子。我指着我的绒布猴子——你能不能明白我说的是这只猴子，而且我真的很喜欢它？然后我好奇地等着你的反应，想知道你是否深表赞同。我指向饼干，无论如何也想要把它弄到手。我在我的小椅子上边很不耐烦地摇来晃去，一边叽里呱啦地下指令：快把我想要的东西给我嘛！

我指指这儿又指指那儿，你可以从中发现眼下我的心情怎么样，我目前想要的是什么东西：

> 我兴奋地指着我的粥碗。
> 我很不耐烦地指向我的奶嘴儿。
> 我兴致勃勃地指向我的泰迪熊。

一切我能看到、感觉到、听到、触到、闻到和尝到的东西都有一个名字——

随着时间的推移我将明白这一点。你不断地给我看有着新名字的新东西：蛋糕、水壶、调羹……对我而言，整个世界现在统统叫作"那儿"你明白我这个"那儿"是什么意思吗？这个游戏我们有时候也会调换过来玩：你会给我看一本书，然后说个不停。我兴致勃勃地在一旁看：嗯，这样啊——你到底在给我讲什么东西呀？

一件事一件事地来做

一边和你聊天一边玩玩具,这可不是每次都能办得到的。你说："还有这个！"你看着我长大，我们一起发明新的游戏：

> 我把自己的摇铃递给你，你把它放在沙发上。我应该去拿起它吗？

> 你把我的红色小塑料杯递给我，我把它扔在地上。你会把它捡起来给我吗？

> 你用我的积木搭起一座高塔，我在一旁观看。我可以把它推倒吗？

我们越来越了解对方了

我们两人现在已经能够很好地明白对方的意思了：

> 我知道了摇头是一种信息，它意味着"不行"。几个星期之后我自己也会摇头了——最开始我只不过是瞎摇晃，后来我就能用它来说"不"。

> 你点头就表示"行"——这个我很清楚！我不会用点头来回应你，这太难了。

> 你来的时候和离开的时候会向我挥手。这表示"哈喽"或者"再见"。我很喜欢这个动作，而且很快就学会了向你挥手。

> 你问我什么时候能学会拍手和飞吻？那还得再等上一段时间。

你的宝宝能领会很多东西

生活中的游戏是按照哪些规则进行的？它有着什么样的规律？你的宝宝正在忙着解开这些谜题。

在度过了人生的第一个半年之后，你的宝宝现在能够用手指向玩具，然后又指着你。通过这个指示性动作，他在自己、自己的玩具和你之间建立起了一种新的联系。心理语言学家们（研究人类语言习得以及相关心理过程的科学家）说，当孩子、亲人和玩具之间首次建立起这种关系的时候，言语发展的重要一步就完成了：我指给你看一些东西，你也指给我看一些东西。这样的架构反映出的是我们的基础语法，也就是包含主谓宾的基本语句结构。但还需要再等一年左右宝宝才能说第一个语法结构完整的句子。

宝宝热衷于重复

不需要通过强调式的教习，宝宝每天就能学会一大堆东西。只不过，有些时候他在对无数的新印象进行整理加工的时候会很困难。了解了这一点你就能明白，为什么小小的人儿在他的日常生活中不仅热衷于新鲜事物，同时也很喜爱秩序、条理、立足点和规律。你也会明白，为什么他喜欢把自己的杯子、浴盆、玩具这一类熟悉的物件放在身边，并且对于重复非常重视。他为什么会将同一本图画书一看再看？那是当然了，他可以看上十遍、二十遍……宝宝为什么总是想要用相同的方式去看世界？他是在探索人生。那么有没有一条准绳、一条清楚的主线可以让人依循？是否有一种规律能够保障条理性？

"再来一次吧，妈妈！"小小世界探索家热爱重复。

如果你明白了小家伙之所以在寻找秩序，是因为秩序能带来认知世界的明朗性和立足点，那么你就能为他指明方向：你将帮助宝宝找到规律，从而使他能更轻松地适应这个世界。规律包括规则、日常生活的结构条理、仪式，当然还有无数次重复翻看同一本图画书。不管是在歌唱时还是在游戏时，一切能给人带来安全感的东西都能让宝宝更轻松地步入人生、加深对其的感情，并且能给宝宝带来平静，所以宝宝们喜欢熟悉的事物。

参与生活

我要坐在中间，要坐在最热闹的地方——这就是好奇宝宝的心愿。他要看、要听、要参与体验身边发生的大小事情。比如全家人在厨房里一起做饭、吃饭，然后再一起收拾。还没在他的专用宝座上坐稳，他就开始全神贯注、细致入微地研究起亲爱的家人来。他很关心每个人各自正在做什么：有的在切胡萝卜，有的在吃土豆……在这种观察和感知的基础上，一会儿他就了解到，重要的并非只有大家各自的行为举动，还有在这个过程中他们产生的感受。如果妈妈一脸不悦地切着胡萝卜，这就表示这项工作完全不对她的胃口。如果爸爸美美地享用他的土豆，这意味着他觉得土豆好吃极了。

你的宝宝在学习解读信号。幼儿会在很大程度上接受父母的观点，并用相似的感受去观察世界。比如说，你可以专注地看一看动物园里的企鹅、草地上的牛羊、市场上的水果，然后用你的情绪带动宝宝也一起仔细地观察。

宝宝还会进一步成长：他不仅仅只观察自己的亲人，也会学着理解大家的感受。他还将体会自己的感受：当小木球又一次滚到柜子底下去的时候，他会沮丧；当他成功地把玩具娃娃扔到房间另一头之后，他会开心。

乐趣最重要

规律？仪式？很好很不错，但偶尔嬉闹着、玩笑着把惯常的游戏规则抛诸脑后，这也能受到宝宝们的欢迎。当大人们做以下这些事情的时候，宝宝会笑得乐不可支：

> 在给宝宝喂饭的时候假装你自己是小丑；
> 在浴室里假装很遗憾地要取消今天的洗澡活动；
> 在道晚安的时候假装你自己已经呼呼大睡。

发展心理学家认为"假装"在儿童的生活中有着重要的意义。对于孩子的现在和将来而言，"假装"这个游戏是创造力、独特性、应变力以及想象力的胚细胞。

宝宝培养出了幽默感

在宝宝八九个月的时候，他开始展露出小小的幽默感，并且会因为日常体验而笑弯了腰。当大人做煎饼的时候不小心把面饼颠出煎锅掉在灶台上时，他会"嘲笑"；当家里的狗舔着洗碗机里的盘子时，他会咯咯笑；如果你突然对他做鬼脸，他也会笑得停不下来。通过这些事情他向你展示了：我不再像你们以为的那样懵懂，生活中的很多事我都能领会。

对宝宝来说，和爸爸妈妈一起欢笑是最美妙的事情！

游戏与俚语：一场盛大的表演

令人惊叹的是，宝宝在很早的时候就已经知道骑马、上楼梯的运动游戏以及很多俚语、歌曲和其他的游戏都是一场盛大的表演。他会解读你的表情并且会大笑，因为他在此之前就已经知道将要发生什么。几秒钟后他高声欢呼，这是在告诉你他的猜测是正确的。

一起大笑能让你和宝宝之间的快乐更加强烈。大家因为同一件事情而发笑、彼此心领神会，这关系到宝宝能否在我们这个世界中拥有足够的安全感。在一个他能理解并且也能被别人理解的世界里，他可以感知、感受到安全——这是他能发现并处理各种信息的一个重要基础。

小小探索家需要同伴

孩子是小小的探索家，他们想要更近距离地看世界。对独立自主的渴望让孩子想要更多地观察和了解世界。如果这种想要自主的需求得不到发展或者当即就遭到遏制，那么孩子想要独立的愿望就会消失，甚至完全被扼杀。这对孩子来说很糟糕，将削弱孩子的生活能力，因为他会觉得：努力显然完全不值得，我还是照着别人给出的标准答案来做的好，或者遵循别人的世界观。

我们有着同样的思路

观察和探索世界是一回事，而自己对世界进行思索则是另一回事。随着时间的推移，你的宝宝将了解到：并不是只有我一个人在思考，其他人也是一样，他们有的时候甚至和我有着同样的思路。

举例来说："我面前的餐桌上有一块饼干。我可以把它拿过来！"这是个诱人的念头。通过你的表情，孩子知道你此时此刻可能想要做什么事，也就是把饼干从桌子上拿过来，因为你已经注意到了他的目光。然而这却不会吓到有自主精神的宝宝：他会自己动手拿取——现阶段他也许会有一些犹豫，但很快就会信心十足并劲头十足。这样的体验顺带着加强了孩子与父母以及其他人之间的信息反馈，也加强了他对自身作用的感受："我的思想和行动越来越能达到目的，它们显然也影响着你们。让我瞧一瞧，如果我这么做或者那么做的话，会发生什么事。"

你已经会这么多东西啦，好棒啊！

每当你的宝宝在成长的过程中学到新东西时，他就会喜笑颜开，他的心情就会好得不得了。他会笑着看向你，因为他取得了进步而咯咯欢笑。你看得出，他是在为自己的新技能欢欣鼓舞，并且也想要向别人演示自己的能力——如果这个"别人"不仅能注意到他的动作，还会提出表扬，那就再好不过了。同时他也充满期待，想知道自己在从婴儿慢慢成长为幼儿的过程中，还会有什么样的新进展。

成长小提示

"早上好，晚安……"

和婴儿一起唱歌来促进他的成长？可是，如果大人自己不喜欢唱歌，那又该怎么办？用最高亢的音调来给宝宝念童谣，这能促进语言学习？可是，如果大人觉得儿歌特别可笑该怎么办？母亲、父亲、兄弟姐妹和保姆只有发挥各自的长处才能最大化地促进宝宝的成长。这样，喜欢运动的人就能用自己对运动的热爱感染宝宝，而喜欢学习语言的人也能把自己对语言的兴趣传递给宝宝。

人生第二年

学走路，学说话，领会更多的东西

宝宝开始蹒跚学步，也开始牙牙学语。
他注意到了"我"这个字。
他的活动范围也越来越大，
与此同时，他的世界观也随之发生了变化。

我动身上路啦！

亲爱的妈咪，我终于能够站起来了！这个感觉真不错，因为从上面看去，这个世界显得更有意思。我是否敢于迈出我的第一个步子呢？

我尝试着站起来。我先在小凳子前边跪好，然后扶着凳子竖起身子，并且竖直了。突然一下，我就在我的小凳子前边站了起来，虽然只是东倒西歪地用双腿和脚尖支撑着自己，但是我站起来了！我用一只手拍打着凳子：我可以敲鼓啦！我的另一只手则牢牢地扶着凳子。你欢呼起来："好极了，太棒了！"我也觉得很高兴。一会儿，我就站不住也扶不稳了。我松了手，摔坐在裹着我小屁股的尿片上。没关系，我从头再来。虽然我总是摔个人仰马翻，但我会再次爬起来并且一次又一次地重复。在小凳子前跪好，站起来，直起身，抓牢了，松手……然后再来一遍。扑通，扑通……我也可以扶着暖气片站起来，座椅也行，还有桌脚、沙发。这感觉真不错：我站直身子，从上面打量世界。自从我能够站立以来，我就离那些有趣的东西更近了。我桌子上的杯子、沙发上的报纸……然后，扑通一声，我摔倒啦，跌坐在裹着我屁股的尿片上。这个时候可不能放弃！重新来过，再试一次。不要松劲，绝对不能！继续坚持下去。嗯，再来一次……

学走路：按照自己的速度来

专家们说，过早训练走路会带来更多的害处，这并不能带给孩子推动力。太早让你的宝宝练习走路会让他极其不满，因为他达不到他想要达成的目标，现阶段的他也无法达成这些目标。其后果就是：灰心丧气。

因此，最好不要去迫切期待宝宝什么时候才会走路。不要要求他"现在站起来"，也不要指示他"先迈这只脚再迈另一只"。宝宝在他能够并且愿意的情况下就会开始走路。每一个宝宝都有自己的成长进程，你只要接受即可，这可大大减轻负担。如果孩子能在你的扶持下欢乐地（按照自己的速度）走路，那再好不过。但如果在你想握住他的小手时，他表示"抗议"，而后自己一个人继续走，这就是个清楚的信号："我要自己做自己的事！"你应该尊重他的想法。练习只有在正确的时候才能发挥作用，在此之前孩子也必须完成匍匐前行、爬行、坐起、站立等相应的预备训练才行。有的孩子会跳过其中的某一个阶段，或者各个阶段的先后顺序与其他孩子不同。

如果你觉得自己的宝宝有发育迟缓现象因而极其担忧，请咨询儿童医生。

一步一步地向上

虽然要花一些时间，但我总有一天能够比较稳当地站立。那么接下来该做什么呢？我要迈步前进！先小心翼翼地踏出步子，但是得抓牢了才行。往旁边迈出一步，再往旁边迈一步……刚开始总是不能往前走，而是偏向一边去了：我双手交替着扶牢了，从凳子走向沙发，从沙发走向桌子，再从桌子走回凳子。

当我把这一圈——凳子、沙发、桌子——走了好几遍之后，我就没兴趣了。现在该往哪儿走？我爬向窗台，再次站起身来，然后沿着这个矮矮的窗台漫步。从左到右，再从右到左。这个练习最好的一点就是，我能往外看到让我惊叹不已的风景：窗外的街上有汽车、人流——外面真热闹呀！

我办到啦！我会走路啦！

接着该轮到什么了呢？松开手，大胆地走出不需要扶持的第一步。真好，有你帮助我。你伸开腿坐在地板上，我站在你的面前，你扶着我。而爸爸也同样伸开腿坐在地上，正对着我们，隔着几米远。你松开了扶着我的手。

我走路啦！我要独自一人出发上路！

我摇摇摆摆地走向爸爸。一路畅通，没有堵塞过道的障碍物。爸爸朝我伸出双手……只要再保持一会儿平衡就到爸爸身边了，我让自己落入他的怀里。得救啦！任务成功，感觉真棒。

成长小提示

有激励性的环境

　　和一起玩耍同样重要的还有：制造有激励性的场合。比如，你可以在宝宝迈出第一步之前把凳子、箱子、椅子围成一圈，让宝宝自己决定从哪里开始。或者，你可以把宝宝放在一堵矮墙边上，看看他会不会走起来。孩子们希望能用自己的方式了解世界，所以耐心地等待有时比不断鞭策更为明智。

　　我的下一步打算是：我俩一起到房间里或者花园里走一走。我的小脚走在你的双足之间，你站在我身后稳稳地拉着我的双手。有时是你扶着我，有时是爸爸和我一起走。最开始的时候我们只能走几小步，但很快我们就能走一大段路。同时我也发现，我还需要一段时间才能不再跌跌撞撞，可以不需要人扶也能走得又快又稳当。如果在学走路的时候我扑通一声跌倒，会让我很惊讶：为什么我总是摔倒在地上呀？有一点可以肯定：尽管会摔跤，我仍然要不断地尝试再尝试……

伟大的第一步

一旦能够走起来，你的孩子就会喜欢上自己一个人到处跑：靠自己的力量来探索生活是一个很诱人的念头，它预示着新的冒险。

几个月以来，你的宝宝一直在又蹬又踢、手舞足蹈，他会四肢张开伏在地上奋力前行，也会尝试着抓取身边的东西。接着，他开始在周围慢慢爬行，后来还能爬得风驰电掣一般。通过这些预备练习，宝宝现在终于准备就绪：他能站起来了。不用多久，他还会向前探出一只脚。第一次自主地迈步和对肢体的控制一样，都意味着更多的独立自主和自信。这让宝宝欢欣雀跃："好棒啊，我能做到！"

在进入人生的第二年后，大约有一半的孩子学会了走来走去。他们摇摇摆摆、还不太稳当地迈开腿走起来。十六个月大小的孩子大多都能走路了，从此他们的活动范围就大大地得到拓宽。婴幼儿普遍好动，喜欢不停地寻找新的机会来施展他们的运动天分。

一天更比一天好

抬起腿，站稳脚，走起来——要让动作技能、起跑和速度的协调被控制得越来越好，就需要满足以下条件：

> 大脑具备了密集的神经细胞网络。相应的感应以及运动机能中心必须完备且运转正常。同样，由基因决定的神经系统也必须有相应的发育才行，因为它负责的是体姿的直立以及平衡感——这些都是行走的前提条件。人们把这些内容总称为神经生理成熟过程。

> 视觉、听觉、平衡感等不同的感官融合一体，能为大脑提供额外的信息。专业人士称之为感官整合。

> 腿部和肢体的相应肌肉必须足够有力，并开始协作——这是运动机能的成熟过程。

此时，对所有信息的补充和比较就让大脑有能力协调各个运动流程，并且能设法让动作"良好进行"。这些最初的步伐启动了孩子进一步的成长：思维和社交行为得到了新的促进。

为什么需要刺激？

孩子可以自己学会走路，但学说话却不一样。发展心理学家把发展任务分为强和弱两种类型。对于前一类任务，孩子们天生就具备攻克它所需要的能力——这些能力（如走路）的发展与有没有示范以及支持并不相关，你能做的无非是认同和称赞。而后一类任务则迫切需要示范。只是受到照料却没有得到任何情感关注，也没有肢体接触以及语言刺激的幼儿会失去活力，并且也无法学会说话。斯陶芬国王弗里德里希二世和苏格兰国王雅各布四世就提供了历史的例证，他们残忍地拿幼儿进行实验：新生儿被从父母身边带走，并交给养父母照看。养父母不允许别人和幼儿说话，只准给他们提供生活必需的饮食和看护，绝对不可以和幼儿们温存亲热或进行任何类型的肢体接触。两场实验都以悲剧告终。幼儿们都没能存活下来，因为身体和情感两方面的关怀他们统统缺失。

成长小提示

接近视线水平

在经过了好几个月的躺卧、蹬踢、匍匐和爬行之后，你的孩子现在能够自己站立起来，并且迈出了他人生的第一步，于是他离大人们就更近了一点点——在他看来，这是相当可观的一点点。从新的视角看过去，他觉得大人们一下子显得不再那么庞大。而你在这个新的成长阶段中的任务通常有以下几项：

> 表扬孩子的进步："你做得很好！"

> 鼓励孩子："继续保持！"

> 表示赞赏："你已经能做到这么多事情了，真的非常棒！"

此外，为了能良好地发展运动机能，你的宝宝还需要宽敞、安全的活动空间，需要有机会、有充分的时间来练习，也需要关注。如果你能充分给予他这些东西，那么一切进程通常都能水到渠成。

情感上的激励以及自由学习、自由生长的空间能让你的孩子每天进步得多一点。

我能明白很多东西！

亲爱的妈咪，我能听懂你跟我说的一些词语。我能识别我的名字，我知道你是"妈咪"，还知道我们的狗叫作"狗"。

自从过完第一个生日以来，我已经学会了很多东西，差不多是自然而然就学会了。当你和我说话时，大多数时候我都能明白你的意思。"不行"的意思是要停下来，这个我知道。对"小心"的意思我也有了一点概念。而"我爱你"的意思就是你很喜欢我。这我都能猜到。你不必特意告诉我你说"爸爸"时指的是"我们家"的爸爸，因为这个我老早就已经知道了。我能听懂越来越多的字词："汽车""稀饭"……我还知道更多的东西呢，比如叫作"瓶子"的东西不仅仅是我喝水的瓶子，还有桌子上的果汁瓶。

你给我讲图画书里的奶牛：奶牛是一种会"哞哞"叫的动物，在外面的草地上就有。慢慢地，我猜到了你所说的意思。我在学习理解字词，因为我非常认真地听你讲话，不管是在厨房里还是在买菜的时候……我慢慢地了解到：

> 杯子是用来喝水的东西。

> 毛巾是用来擦干东西的。

> 帽子是应该戴在头上的。

当你说出一个我不知道的词语时，我会疑惑地看着你：你说的是什么意思啊？然后你就会把这个词重复一遍。

把感受汇成语言

你的孩子说出了第一批词语。他开始和你玩乒乓球游戏：你递给我词语，我也递给你词语。你们对彼此的理解渐入佳境。

在大约九个月的时候，你的孩子开始理解第一批词语。其中当然包括"妈妈""爸爸"这些词。用不了多久，当你说"挥挥手"的时候，孩子就会开始挥手。

到十八个月大的时候，你的孩子可以主动说五十个以内的词语，能正确理解大约两百个词；在一岁半以后，他可能还能学会在名词后面加上几个形容词和副词。在此基础之上，他接着就会开始在词汇方面冲刺。语言量的发展是爆发式的。体验孩子的这些成长是一件很有乐趣的事情。

学说话：完全自发

每个健康的孩子都会在某个时候学会说话，当他的发育已经达到一定水平的时候，他已经足够成熟来面对新的任务。然而与学走路相比，说话的任务还是有所不同：走路是孩子自行学会的（见第107页），而学说话却需要你的帮助，也需要一个有促进性的语言环境通过捕捉他的语言做出回应，并且悉心地予以纠正。学说话是孩子成长过程中许多奇迹中的一个——它是一个高度复合化的心理过程。那么每个孩子的学习情况具体是什么样子的呢？

字词和小谜语

逐个音节地发声阶段、"哒哒哒"阶段以及音节游戏已然被孩子甩在了身后的阶段。他可能已经说出了他的第一个词语——对父母而言，这是一个让他们充满期待的奇妙时刻。孩子说出第一个词大多是在他一岁生日前后，有时需要更长时间。"妈妈"和"爸爸"是最热门的词语，"汽车"也常常作为第一个词出现。随后而来的词语通常是孩子所熟悉的东西："哇哇"代表奶奶家的小狗，"托托"表示托儿所，"挨挨"表示抚摩，等等。

随着孩子说出第一批词语，很快也会出现一些让你时常迷惑不解的音节：他说的"嗦噜"到底是什么意思？在尝试新词语的过程中会出现新创造出来的"儿童词汇"，它们并不一定能和"成人词汇"对得上号。

"嗦噜"或者"梭罗"这些音节可能指的都是酸奶，而"果强"是果酱，"叫叫"是香蕉，"飞飞"或者"飞客"说的是飞机。那么"气"呢？说的是"球"。

第一句话

很快地，孩子就进入了著名的"一词句"阶段："可"（可可饮品），可能代表所有的饮料，同时也可能表达的是"我口渴"或者"桌子上有喝的东西"。你的孩子可以仅仅依靠一个他经常在各种场合使用的单词来表达自己的意思：他的"单词式句子"是他进入一个多姿多彩新世界的门票。语言发展研究学家称之为初始词汇的泛化或者过度延展。

随后出现的是第一批句子：双词句，三词句……宝宝开始运用越来越多的语法，而这一过程也同样是在不知不觉中展开的，并且也没有借助有针对性的学习课程或是刻意的训练。正如前面说过的那样，语言的学习需要日常生活中的大量刺激推动。

在孩子快满两岁的时候，他慢慢开始说一些"正确"句子，有主语、谓语和宾语。从这时起他就一发不可收拾，有时甚至会没完没了地唠唠叨叨、闲扯饶舌。

 **孩子口中的"气气"很快就会变成"气球"，不用多久他还能再补充一句"……飞啦！"**

语法？不成问题！

孩子已经做好了充分的准备，他已经可以从你的话语中过滤出自己母语的规则。

在短时间内他就获取了丰富的语言知识，词汇量猛增，能说出有条理的句子——正如前面说过的那样：孩子的语言学习就像是一个奇迹。从最开始不受控制的语言尝试进化为大量的交谈，这种交谈逐渐不再由目光和咿呀语声组成，而是词组和语句。

在学说话方面，每一个孩子也都是不一样的。每个孩子都有自己的学习速度，会用自己的方式改变词语，他们对语法的意识也开发得或早或晚。

语言是一座里程碑

语言是生活的钥匙，它开阔了我们的视野。掌握了语言的人能更好地了解天下的大事小事，他的视野不仅变得更宽阔，也会更加丰富多样。语言打开了很多新的大门，因为一旦能够用字词大致地表达自己的思想和感受，世界对你的孩子来说就会变得焕然一新。能说话的人就能够倾诉、描述自己的感受和经历，并且能和其他人比较、沟通各自的经历经验。语言堪称一座里程碑！它带来了新的生活品质和新的交流天地。

词语、文字、符号等一切构成语言的东西实现了你和孩子之间长远的思想交流：我告诉你我的想法、念头和观点，而你给我反馈，告诉我你的看法，并且把你的经验传给我……

引人入胜的拼图

运用语言意味着：在事物、人以及行为之间建立起一种联系。科学家们推断，在宝宝语言习得的预备阶段就已经产生了对物体和人的形象概念。而现在，你的孩子能够把所有这些形象翻译成语言！

因为语言元素总是能被重新进行组合，于是就产生了一个内在的游戏空间，在这里，你的孩子不断地尝试新的排列和交叉，将来还能系统性地对它们加以思考。这个学习过程也是对思维系统的一项训练，它进行得悄无声息并且精准严格。周围几乎没有人会注意到孩子的这一成就，因为看上去像是不需要花费丝毫气力，不过是在日常生活中平淡无奇地发生着而已。

你的孩子现在能把画面转换为语言，这和宝宝学会走路一样，是一件多么令人欣喜的事情！

成长小提示

在语言中畅游

孩子们能产生共鸣，他们自发地、直觉性地划分了越来越多的类别："不仅仅只有我的小鞋子才是鞋子，冬天的靴子也一样。玩具就是所有我可以玩的东西……"他的大脑在不断地吸取新的养分。请你支持这一学习的过程，让你的孩子在语言中尽情畅游：

> "我们现在去超市，因为我们还要买香蕉！" "我现在给狗刷刷毛，因为它沾了一身的草叶子。"请讲述日常生活中发生的事情。孩子目前也许还不能理解你说的每一个字，但正因为如此才更有悬念。这能刺激孩子继续学习。

> "我刚才和奶奶通了电话。她告诉我……"请描述各种小事情。语言形式要简单明了，适合儿童。

> "这辆红色的轿车开过山丘……"请讲述一些短小的故事，与此同时和孩子一起翻阅包含相应故事情节的图片。

> "从前有一个矮个子的胖老太太在坐火车。火车叫，太太笑。"经常给孩子念一些有故事情节的童谣、押韵式的儿歌，等等。

> "丁零唧先生来我家，房里传来丁零当！"请运用曲调和韵律、能刺激想象力的熟悉或不熟悉的词语。词语、说话和唱歌统统让人很快乐！

> "每个星期天的早上我都喜欢吃一个煮得嫩嫩的鸡蛋。你也喜欢鸡蛋吗？"让孩子对说话的尝试融入其他家庭成员的交谈中去。

> "哇哒！" "这是一匹马！"先复述孩子说过词语，然后你再正确、清晰地说一遍，要自然而然，而不是更正纠错（见第113页）。

> "你的球滚到哪里去了呢？"请鼓励孩子说下去。

随着时间的推移，父母们已经掌握了"课程要点"，他们无须事先学习便能凭着直觉顾虑到这些重点。

学习说话意味着学习思考

你的孩子在学习说话，这意味着：他正在理解并运用我们称之为"语言"的一个庞大的、由大量标识组成的复合体。每个词语都是一个符号、一个新的概念，也是新的画面和新的声响。

学习理解和说话首先意味着思索与深省：鱼、球、杯子、毛巾、狗，都是孩子设想的元素。他所认识并且记住了的概念会在他的脑海中形成对应的画面。在学习说话的过程中产生了下面这些东西：

> 一套精密的系统，它由彼此间精密匹配的无数神经细胞所组成，是一个运作完美的神经网络。

> 一套神经细胞的综合，它主管喉头、颈项以及胸腔中肌肉的迅速协作。

> 一套由内心图像和思维组成的网络构架，它是等级式的，对不同概念进行了分门别类。用认知心理学家的话来说就是"心理认知表征"。

成长小提示

用词语打乒乓球

父母和孩子之间的交谈是不可或缺的——带有丰富情感的对话会给孩子带来深远的影响——因此，绝对不可以用CD、电视、DVD或者平板电脑以及手机游戏来代替与孩子的交流。

请尽早开始和孩子对话，就他感兴趣的所有话题进行语言交流，这样的话题可能多得难以置信。请你掀起一场由词语——以后还有句子——组成的乒乓大赛。比如说：

> "咯里，爱！"——"没错，我们家的茉莉是一只很可爱的猫。"……

> "爸爸，哪儿？"——"爸爸在奶奶家，他很快就会回来的！"——"爸爸奶奶！爸爸出来，书，看看！"……

在对话的过程中请注视着你的孩子，并且对他说的话做出回应，并将话语内容加以扩展——这是一个很重要的反馈。它对孩子意味着：我说的话都能传达给你。你向我搭话，这也意味着：别人能注意到我。请给予你的孩子关注，这是他绝对需要的东西。你在这个阶段给予他的时间和关心对他心灵和言语的发育和发展有着重要的意义，能增进他的自信，让他打心底更有动力继续学习、继续成长。

自我以及他人

亲爱的妈咪，我认得你、爸爸和其他一些照顾我的人，还有别的孩子们。渐渐地我明白了：你们也在感觉和思考，就像我一样。

现在你每天早上会把我送去幼儿园。我喜欢去幼儿园。那里有海伦娜和我一起看书、一起玩耍。她帮我换尿片，当我累了的时候还会把我抱上床。那里还有一些其他孩子。当海伦娜和别的孩子一起看书的时候，我也要一起看。有时海伦娜会说："现在还没有轮到你呀。"这话我可不爱听，因为我想要海伦娜只照顾我一个人。但她是不会这么做的，于是我只得自己一个人玩汽车或者堆积木。

我常常会去看看别人都在做些什么。约纳斯在看画册，玛丽在玩洋娃娃。有时候我会模仿他们的玩法：我学着约纳斯那样，把汽车在桌子上开来开去。我像玛丽那样和娃娃一起在地板的垫子上滚来滚去。观察其他的孩子、学他们的做法、比较一下彼此的东西——这些我都很喜欢。

成长小提示

最初的小伙伴们

就像大多数孩子那样，你的孩子一定也拥有几个毛绒玩具。它们会陪伴他吃饭、洗澡、换尿片、穿衣服或脱衣服，和他一起玩耍。这些玩具是孩子最初的一批小伙伴。一旦有需要，它们就能派上用场：在说晚安的时候，或者当孩子生病的时候，又或者全家人出去旅行的时候。毛绒玩具能够安抚孩子，它们永远不会情绪低落，不会开溜，也从不骂人或者与人争吵。它们是很好的听众，并且完全服从孩子的要求：温暖亲密、认真倾听、悉心守护。因此，它们是必不可少的。

感同身受

奶奶有时会来幼儿园接我。在回家的路上，我们会去游戏场玩一会儿。我们会看看别人都在做些什么。滑滑梯？我不喜欢。有的时候我们只是并排坐在长

成长小提示

脸上的红点

　　有这么一个经典的幼儿实验：一个孩子能够意识到，镜子里那个孩子的脸和他自己的脸其实是一回事，都是自己的脸。当他看到镜中的自己鼻子上有一个红色小点儿时，如果做出反应，那么他必定已经对自己的外形有了一个整体的认识：他知道自己平时鼻子上是没有红点的，而现在却出现了一个。他会想要擦掉这个红点。这就意味着：他认得出自己。

椅上。奶奶说："你看上去像是知道我今天只想在这里坐一坐，别的啥也不想干呢！"我的确知道呀。她不太舒服的时候我能注意到的。当幼儿园里的约纳斯不舒服的时候我也能注意到。当他哭泣的时候，我会过去看他，站在他的旁边，但我也不是每次都会这么做。

这是我啊！

　　我有一个挺喜欢的游戏，那就是和你一起站在镜子前面。我们又是吐舌头，又是挥手。镜子里面呢？那里头的人也在吐舌头，挥手。镜子里的人模仿着我们的所有动作。他们也会朝我们笑，朝我们看。当我抬起手臂的时候，镜子里的小孩也会抬手。当我摇脑袋的时候，他也同样在摇他的脑袋。和我所看到的其他东西相比，镜子里的这个画面具有某些不一样的内容。可我想不出来，到底哪里不一样……

新的视角，新的感受

你的孩子形成了自我意识，而他也逐渐开始站在他人的立场上思考。

当孩子在人生的第一年里取得了这么多进步的时候，却在很长一段时间里没能认出镜子里的自己，这很让人诧异。在一周岁刚过的时候，他仍然认不出自己。虽然他能够对镜子里的孩子做出反应，会向对方挥手，也许还会微笑。如果可能的话，他甚至还会绕着镜子打转儿，心想：那个孩子大概是藏在镜子后面了吧？

认识自己

自己在别人眼中是什么样子的——这也就是镜子所展示的东西——你的孩子至今在心里还没有形成一个具体的画面。慢慢地，一切都将完全不同。你的孩子会变得若有所思，因为他逐渐意识到，自己和镜子里那个人之间的无差别对应有些异乎寻常。慢慢地他开始明白，在镜子里头的那个人并不是其他任何一个孩子，他必定与自己有着关联：这是我自己嘛。这一定是我自己！

在两岁半到快三岁的时候，你的孩子进入了另一个关键的成长时期：他对"我"这个字有了初步的设想。还有作为宾语的"我"以及"我的"等相关字词的随之出现也非常有意思——在游戏场所的沙堆里玩耍时他会说："我的汽车！""我的铲子！"

我就是我，我和你不一样。把自己和其他人区分开来这一体验对孩子来说是心理上的一件大事，甚至往往是一种心灵的巨震——它是迈向新意识的一步，但这些新意识还有待被消化、平衡。

别人的感觉和我不一样

迄今为止，在你的孩子看来世界是唯一的。这个世界曾是他的孩童世界，是他唯一感知到的东西。他的观念是：妈妈、爸爸、奶奶、爷爷、海伦娜——所有这些我认识的人对生活的看法都和我一样。

这种有局限性的想法现在正慢慢地改变。在大约一岁半的时候，你的孩子将意识到：每个人都有自己的经历和经验，从而也有与这些经历、经验相关的感受。

这一切综合起来就意味着：我在用自己的方式体验生活，用自己的眼睛看待世界，因此可能会和别人不一样。这是一个还有待发展成熟的认知，而这一认知的发展需要时间。

我和你……

你的孩子正在逐渐学会区分"我的感觉"和"你的感觉"。比如说，幼儿园里的某个孩子如果心情不太好，你的孩子会表现出同情——虽然他不是每次都会这样，但这样的情况经常会出现。

孩子们并不像人们从前宣称的那样是极端自私的，他们的感觉并非只围绕着自己转。他们会自发地、不假思索地对他人的需求做出反应。这一行为与理智或者判断力的关系不大，更多的是出于直觉——这是孩子与生俱来的一种能力，如今他已经可以运用这一能力。

孩子现在已经慢慢显现出了同情心的初步迹象。

自我产生出自信

随着对自我的认知而产生了自信，相生相伴的还有独立自主性。拥有自我人格的这一感受在一步一步地生成并增强。由于自我认知的不断成长，你的孩子能够更好地理解自己以及他人。性别、父母、保姆、文化环境、日常体验以及孩子自己应对世界的方式，这一切在自我意识的形成中占了很大的分量，而自我意识的形成让孩子看世界的目光有了决定性的改变。

父母和他人对孩子的深远影响

迄今为止，你的孩子一直无意识地奉行着这样一个宗旨："让我看看生活会带给我什么样的东西。"目前他仍然对世界有着一个很宽泛的视角。他的神经系统一直都不曾接纳现成的判断。因此，年幼的孩子对待生活的态度是开放而没有成见的，并且乐于接受生活带给他们的惊喜。他们心平气和地仔细观察事物、收集各种各样的印象和感受。他们也关注着身边的人群，尤其喜欢观察其他的孩子。幼儿园为他们提供了大量这样的机会。

"嬉闹着撒野可有趣啦。让我瞧瞧我妹妹能坚持多久。"你的孩子现在不仅拥有了自我意识，也培养出了换位思考的能力。

随着时间的推移，孩子的这种开放且不带成见的态度会丢失一部分，因为他慢慢地能够把目光从自己身上转向外界和他人。这意味着：他将会大量地接收父母的想法和判断，而他们的感觉和思维早就深深受到了内心固有观念和成见的影响。

示范与模仿

不管他们是有意还是无意，妈妈和爸爸以及其他的成年人，还有幼儿园里年纪稍大的孩子都是他的榜样。你的孩子会对他身边榜样们的所作所为进行模仿。这一模仿行为现在就已经开始了，特别是在做清洁的时候。"爸爸和妈妈在前头忙，我在后面跟着干。"这就是一到两岁儿童的行动方式。这种彼此互动的示范与模仿是所有成长促进方法中最有用的一个。为什么呢？因为在这个过程中，孩子们不仅仅锻炼了观察、聆听能力，他们还在尝试着一点一滴地了解每件事情背后的意义：

> 他们做这件事或者那件事是为了什么、有什么原因？

> 事情背后潜藏着什么？

你的孩子慢慢地追寻着这些问题的答案——这个过程让他得到了进一步的成长。而成年人以及年龄较大的孩子们的行为给他提供了一个可以依循的准绳。

你我之间

通过模仿，你的孩子不仅了解到了日常生活中的各种行为，还学习了在以下几种情况下的不同反应：

> 重逢时的喜悦；

> 争吵时的愤怒；

> 碰到不可靠的人或事时的恼火。

你的孩子在这一阶段首先将学会复杂的行为方式，比如对冲突的处理。他会认真地去看：别的人是怎样表达不满情绪的？恼火是什么样子的？当人们愿意商谈并做出让步的时候会有什么样的表示？

我应该学谁？

孩子的视野得到显著的拓展。大人们的所作所为很有示范意义，他们的行为在孩子眼中恰恰是正常状态。比如说，如果妈妈喜欢避免争端，又或者正相反——她常常因为一点点小事情就立刻吵起来，那么她的孩子会准确地注意到这些行为。大人们的兴趣和喜好也同样常常被复制：孩子也许会从父亲那里接过对唱歌的喜爱，从母亲那里继承了对植物的热爱或者对都市生活的反感……然而，成年人的很多行为都过于复杂，儿童三岁以后才能模仿，因而，年龄大一些的孩子往往是更有吸引力的范本。

假如父母能够了解低龄儿童脑子里的想法，他们肯定会发现不少熟悉的东西：这不就是我们的翻版嘛。事情正是如此：父母们会传递给孩子很多东西，而来自父母的影响会在孩子身上深深地扎下根。

另外，模拟、效仿并不是指年幼的儿童会对他们碰到的范例——对应地全盘接收。确切说来，他们是在向范例靠拢。他们选取的首先是那些他们感觉适合自己的东西。

成长小提示

男孩和女孩的性别教育

女孩子不会把东西拿走，男孩子才会这样——这一类的"经验之谈"是你的孩子从每天接触到的人们那里照搬过来的。爷爷和叔叔一边踢足球一边声称：这是男人才玩的游戏。奶奶希望孙女对烤蛋糕产生兴趣，她觉得这是女人该有的手艺。如此种种都深深影响着孩子们对性别的设想。请及早对这种老套的性别划分进行抵制。请从一开始就清楚地告诉你年幼的女儿或者儿子，他们不必让自己标准得像是商品目录里的男孩女孩：女孩子也可以把自己弄得脏脏的，可以踢足球，可以大喊大叫，可以爬树，还可以做很多其他的事情。男孩子也可以哭泣，可以和奶奶一起烤饼干，还可以开心地看画册。

尝试是我人生的格言

亲爱的妈咪，世界对我而言仍然是一个谜。满满都是问题，甚至还越来越多，而我正在寻求答案。

原因和结果，这就是我想要解决的那个巨大的、格外引人入胜的谜题。为此我不断尝试：

> 我把装着牛奶粥的盘子朝着桌子边缘推。如果我继续推过去，会发生什么呢？

> 我把帽子从头上摘下来。不是一次，也不止两次。我一而再地重复这件事情。我想试试冷和热都是什么样的感受。

> 我用拇指和食指捡起地板上的碎屑放进嘴里，我想试试这样的碎屑是什么感觉，有什么味道，

> 我在打开的书桌抽屉里翻来找去，把东西都搬了出来。原来满满的抽屉后来就空啦……

精力充沛并且相当机敏

在此期间，我能越来越多地自己决定我要干什么，或者我想让别人干什么。这可真有趣，因为我有了自己的主意：我想要浇花，想要打开电视机，想要摁门铃，想看看碗里头有什么东西，或者彻底把你的手提包搜查一番。我想要在房间里跑动，想要在花园里游荡……这一切对我来说都是极大的享受，是一种满足的感觉。用杯子喝果汁而不会溅出，打开饼干盒子拿

成长小提示

促进独立性

你的孩子想要独立，他不想再依赖妈妈的保护伞。这一点现在已然非常清楚了。请支持他的想法，让他自己独立完成这些事情：

> 匍匐着战胜一级台阶（而你则为他提供安全的保障）。

> 拼好他的拼图。

> 用双手握住杯子和饮料。

> 把自己的玩具放进箱子里。

请你留在附近，只在孩子想要或者是有必要的时候才给予帮助。

出一块饼干——这些我早就能做到了。我会的还多着呢：从水果篮子里拿出一根
香蕉，剥开它并吃掉，但只是在它足够软糯的时候才行。我会拿勺子吃酸奶，但
刚开始的时候还是经常会弄得满身都是。另外，我还能一眼就发现，我的橡皮
鸭子能够头朝下地被塞进我手中的杯子里。还有那个放在抽屉柜上的钥匙，我
早就知道它可以插进抽屉柜的钥匙孔里。但是我能不能拿到它并把它插入钥匙
孔呢？没能成功——我很不满意。哎呀，你想要帮我！我已经说过啦：我想要靠
自己来完成这些事！如果我成功了，那么杯子和橡皮鸭子、钥匙和抽屉柜就都告
一段落了。如果你能表扬表扬我所做的尝试，那就万事大吉，而我也会愉快开心。

有志者，事竟成

不依赖妈妈和爸爸正是你的孩子当前最新的成长目标。他对独立自主的渴望在不断增长。

爬行和学步阶段的那种毫无目的四处打量如今对你的孩子来说已经不再那么有意思了。自从他能够真正走路以来，他会有目标地行进。这里可以再次看到：孩子们都是各不相同的。在走向目标的时候，有的孩子走得犹豫而缓慢，而有的则大胆而迅速。自从你的孩子意识到自己是一个有着自我意愿的独特个体之后，他就开始检验自己的独立性：

成长小提示

给予足够的关注

你的孩子一如既往地需要有熟悉的人在他身边，让他可以依靠、为他的成长而惊叹，并且常常用微笑和热忱来表达赞叹之情。这种来自他人的赞叹促进了他的不断成长。

> 他越来越准确地知道自己想要什么和不想要什么，比如当他用力地摇头，就可能表示："不要，我不要吃面条！"
> 他会坚持自己的想法：拼图应该放在凳子上头，而不是搁在地板上面！
> 他开始试探你的底线所在，当夜晚大人示意他应该上床睡觉时，他会逃跑："不嘛，我不睡觉！"

一至两岁的孩子想要独立的心情，还有他一往直前的人生感受在日常生活中越来越多地受到阻碍。真是辛酸满满啊：正要大展拳脚的时候，却突然出现让人无法克服的障碍。大人们在这里说"不可以"，在那里又说"不行"或者是"你还太小啦"。这样的界定对于这个年龄的孩子来说很难接受。

关键的进步

孩子的发育已经取得长足的进展，这一点可以从以下这些成长领域中看出来：
> 看、听、感觉：感官意识得到了进一步的发展。
> 运动：你的孩子渐渐从你的身边跑开了。
> 语言：现在他在用词语玩杂耍。
> 人格：在你的面前，孩子建立起了自我，他会指向自己说"我"。如果他想要被抱起来去拿架子上的东西，他也会说"抱"。

人生第三年

大大的问号和一堆的答案

孩子迎来了他的转变期：
他的手臂变得更瘦更长，腿也一样。
显而易见，
孩子从小小婴儿长成了不断寻求更多独立性的年幼儿童。

我已经有自己的小脑瓜啦

亲爱的妈咪，事情应该按照我希望的那样进行才可以。如果事情不这样进行的话，我会非常非常生气。你说我这是"犟"。

我刚刚醒过来，看见我的小床、我的玩具——我还听见了你的声音："早上好啊！起床啦！"起床之后我想要玩积木，但是你却说："不行，我们要赶时间呢！我们得去幼儿园！"可是我才不想去幼儿园呢，除了玩积木我什么事也不想干。于是我自顾自地继续玩，然后你过来给我穿衣服，穿上裤子、衬衫、鞋子……我向你表示我并不喜欢这样，并且做出抵抗：我不想穿衣服，我也不愿意吃早餐。我气恼得火冒三丈。

这时，约纳斯和他的母亲进来了——约纳斯待会儿要坐我们的车去幼儿园。我喜欢约纳斯。他朝我笑了。我也朝他笑，很开心再次见到了他。积木？玩游戏？发生过什么事吗？已经抛在了脑后。我吃完我的麦片，然后出发去幼儿园！

我想要更多

如果你不准我做自己想做的事，我就会变得很生气。我想在下雨天跳进戏水池，想在超市收银台边上就开始吃冰激凌，想在晚上玩得晚点儿。如果我的设想落空，我就会勃然大怒。我会大吼大叫，就算有人想要帮我，我也不会让情况好转。我会向他说"不"，意思就是：别管我！我想要自己进行尝试，看看生活给我带来些什么。

为什么要拦住我？

　　我喜欢跑动。现在的我真的能跑得飞快。我跑出起居室，跑向楼下的花园大门。我越跑越快。正当我快跑到下面的时候你突然出现在我的身边，抓住了我的手大喊："别动！停下来！别再往前跑了，前面是大街啊！"你到底是从哪里冒出来的？你为什么要拦住我？我还想继续跑啊。"到此为止！"你说道，然后又说："不要一声不响地跑掉，大街上是很危险的！那里车来车往的！"我火冒三丈，相当失望。你和你的"不行"都傻透了！走开！我不想按你的想法做事。我要做自己想做的事！别管我！我大声号哭，想要甩掉你牢牢握住我的手。你在我面前蹲下身子，把我揽进怀里紧紧抱住。我不想被抓住，放开我。我抵抗着你的怀抱和抚摩：我不要！我扭来扭去。终于，你放开了我。我哽咽着，突然之间我不想继续跑了，而只是想待在你的身边。你什么话也不说，我也不说话。过了一会儿，你开始抚摩我，动作轻柔并且不发一言。现在，如果你再次对我解释为什么不能继续往前跑，我就能好好地听进去了："不能跑到街上去，那里是车辆来往的地方。你会被撞到的！所以你不可以一声不响地到处乱跑！"你的声音像是爱抚，慢慢地，一切又都好起来了。

守护，但不要局限于此

受到过度束缚的人，根本不会张开自己的翅膀去探索生命。在对待孩子的时候请你不要只顾及"安全第一"！你需要的是运用已有的游戏和自由的空间。只有这样孩子才能成长为征服者。

另外也请允许孩子参加突发性的活动。给予他在邻居家、爷爷奶奶家，或者在幼儿园玩伴家里过夜的自由。并不是每一件事情都必须从头到尾地计划周详，并不是一切都非得进行得顺顺当当、圆圆满满。

"停下"和"住手"

我想要从打开的抽屉里拿一条毛巾出来，这时却听到了一声响亮的"停下"或者"住手"。你说："不要在抽屉里翻来翻去！"就算你给我解释一通我也不明白：为什么我就不能靠近抽屉呢？你就让我做自己想做的事情嘛！为什么我想做的事情从来都不被允许？我又一次走向了抽屉，而你又一次说："不行！"我勃然大怒，一屁股坐在地上，心里满是失望，开始不停地哭闹。

沮丧无奈

在游戏场玩耍时，班尼拿走了我的蓝色小桶，再也没有还回来。我真搞不明白为什么。我很愤怒，想要揍班尼，但他却已经跑开了，只剩下我自己坐在沙堆里。你说："小桶子这事没啥大不了的，我们可能在玩耍的时候拿错了。你问问他，能不能把你的小桶还给你！"我无法问他，班尼已经走掉了。没过多久，小桶又回来了。班尼在我面前把小桶扔进了沙堆里。我现在想要你抱抱我，安慰安慰我。而关于小桶的事情，当你把我抱进怀里后，我很快就把它抛在脑后啦。

由谁来发号施令？

你的孩子现在越来越明显地在追寻自己的目标。在他看来，这些目标都是无论如何也要达成的。

"我要，我要嘛……"这就是你孩子内心的动机。他从头到脚都散发着对更多独立自主的渴求。在你面前的是一个在为更多的独立性、自由和自主而抗争的小家伙。对自我力量的发掘依循的是这样一个口号：有志者，事竟成。你的孩子带着满满的能量想要实现自己的目的：

> "我想要做布丁，而且要马上就做。"而你的意见是：做布丁没问题，但一会儿才能做。

> "我想要在小溪里面搭一个水坝，而且是马上就搭。"你认为：这可不是个好主意，外头正下着倾盆大雨呢。

> "我想穿着睡衣不换，还要玩积木。"但你想要他：先冲个澡，再换好衣服，最后才玩。

> "我不想到外头去淋雨。"而你觉得：一连几天都在下雨，有必要出去透一透气。

为了能让你的孩子去做必须做的事情，有的时候你需要用到他根本不爱听的词语——"你必须"。

> "你现在必须穿好衣服！"

> "你必须动作快一点，我要送你去幼儿园！"

> "你现在必须把餐桌上的画笔收拾好，因为我们马上要吃饭了。"

如果父母能控制使用"你必须"这种句子的频率，那么孩子们的心情会更好一点。

备受干扰的计划

"我当然能够自己穿裤子，也会自己把毛衣套在身上！"遗憾的是，两件事都完成得不那么顺当。世界上的事情常常并不像孩子希望的那样：

> 动物园的游览比预想的要结束得早。

> 在超市收银台前的货架上并没有我期待中的小熊软糖。

孩子逐渐接受了由你制定的行为规则，并最终遵守了它们。这一行为现在被

131

称为"遵嘱"（compliance），即在意见达成一致后而遵从规则。这听上去比从前使用的"服从"这一概念要少一些独裁性。遵嘱行为是需要学习的。

我想做，但却行不通！

你的孩子每天都在不停地为他刚刚发掘的、带给他极大期望的独立自主权进行着一轮又一轮的抗争。在这个过程中，失败和受挫是无可避免的，孩子的小脸上画满了大大的问号："为什么，到底为什么？怎么会是这样而不是那样呢？"所有这些体验对孩子意味着：

> 他虽然会做很多事情，但这还不够。他常常找不到词句来表达自己的意思，或者缺乏运动力和体力来实现想做的事情。

> 他发现："我父母的想法并不总是和我相同。"

> 他觉得："我对自己估计过高。"

小小的人儿必须学会吞下这么一剂苦口良药：我的意愿可以移动高山，但也只是偶尔而已。我经常会碰壁。

沮丧和愤怒都是剧烈的情绪。幸好，你能陪在他身旁。

怎样宣泄怒火？

寻求独立自主的过程也包括经受沮丧无奈感。当碰到阻碍的时候，你的孩子就要与它做斗争。在接下来的一段时间里，这种情况会更加频繁地出现，你随时随地都能感觉到孩子的反抗期业已到来。一岁半、两岁，有时也包括三岁的孩子会爆发出极大的，甚至令人震惊的怒火。在一岁半到三岁之间，这种咆哮式的发作会一而再地出现。在走向更加独立自主的道路上如果出现阻碍，孩子会变得沮丧，会觉得自己无能为力。

你的孩子在这一时期很容易觉得自己被遗忘、抛弃，他常常无法承受这种沮丧的感受。当世界并不像他自己希望的那样运转时，他可能会愤怒得不得了。沸腾的情绪常常让

保持冷静

你的孩子大发脾气，而他身边的成年人则需要想办法来解决这一问题。该怎么办呢？

> 请不要用怒火回应怒火，这将是最糟糕的情况。

> 暂时回避一下目前的状况。在门后做一做深呼吸，鼓起劲，冷静下来，然后再回到孩子身边。

> 蹲下来与孩子的视线齐平，揽过他的肩膀或者把他抱进怀里，但这要看他是否愿意被碰触。对这个年龄段的孩子而言，肢体接触往往比谈话更适合用来解决激烈的情绪风暴。

> 用简短的话语向孩子陈述他的感受，并试着描绘和感受他的沮丧之情："你想要跑一跑，你很高兴自己能跑得这么好，可我却突然不准你继续往前了，所以你才会生气恼火，是吗？"

> 认真对待孩子的失望和沮丧，这对他的情感发育很重要。

> 事后再和孩子谈一谈他沮丧的原因："你不能就这么跑掉啊，这是不行的！"然后再简短地说一说其中的危害，说一说你之前为什么必须保护他。

> 警告是没有效果的，而责骂更是毫无用处：孩子会左耳进右耳出。

你的孩子大受打击。这是一种有杀伤力的、他自己无法掌控的感受。

这一情形的后果是：争吵、闹别扭、跺脚、摔门，还有惊天动地的大哭大闹。一次又一次的哭闹宣泄了巨大的紧绷情绪。你无须担心，因为在这个年龄阶段，怒火旺盛和情绪不稳定是很正常的。从暴怒、反抗、执拗到无边的失望和不安，情况不一而足。总之，孩子的情绪一发而不可收，极度激昂，简直像整个人都要爆炸似的。

妈妈真坏！

当孩子非常非常生气的时候，他只有一种感受，那就是：妈妈（或者爸爸）真坏。他不知道自己能否、又怎样才能与你和好。他眼下还想不到：你并非只是一个遏制了他自由渴望的坏家伙，在其他的情况下你也会展现不同的一面。

寻找导师

当孩子陷入困境，比如当他自己用积木搭建的高塔坍塌的时候——高塔也象征着他宏伟的期望——他就需要你来做他的"导师"，告诉他接下来该怎么办。在他有需要的情况下，"导师"能提供帮助，比如可以提示："你看，在搭积木塔的时候如果把下面搭得宽一些而上面窄一点，它就更加稳固了！"父亲们对建造类的游戏通常有着良好的感受力，在这种情况下他们特别受孩子的欢迎。

时间观念的缺乏使孩子更加无法谅解，他仍然只生活在当时当下。孩子生气、反抗，他想要做的并不是你想要他做的，对他们来说，这个时候父亲和母亲都是讨厌的、需要克服的障碍物。这时，他对你们的爱并不处于主导地位——但事后就会恢复过来！

应对强烈的情感

情感能激励我们，也会让我们失去理智。怎么才能让年幼的孩子学会控制自己的情绪并振作起来呢？快乐、生气、伤心、发怒、失望——这些感觉从心底最深处席卷而来，突然之间就冒了出来。你的孩子很难理解这种内心的紧绷是从哪里来的，是怎么一回事。他也不明白这一情绪会带来什么影响，为什么它有时候会这么强有力。

幸好，随着时间的推移，所有两到三岁的孩子都能够约束自己：他们沸腾的内心会慢慢地平静下来。随着大脑中自控能力的成长，理智会慢慢增强——这是一个内部调节的成熟过程。在人生的第三年年末的时候，大多数孩子都能够更好地控制自己的情绪，从而也增长了在社交、情感和认知方面的能力。他们现在慢慢了解到，自己并不总是能独自决定要做什么，偶尔也必须服从别人对他们的要求，因为多数时候这对他们自己更有益处。他们也学会了调节、克服不舒服的体验和感受，比如恼火、愤怒、失望等等。这一过程需要时间，需要付出努力并花费精力。克服困难，随着时间的推移越来越好地去完成这一过程，孩子就在社会认知方面又成长了一步。

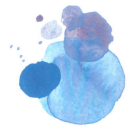

生气了该怎么办？你的孩子在尝试着处理情绪的风暴。

我自己的想法

亲爱的妈咪，有你的地方就有我。我注视着你，跟着你一起干活。我模仿着你，同时也形成了我自己的想法。

自从来到这个世界，我就一直忙于模仿你的行为：当橙子在桌子上滚动时用手挡住它；拿湿抹布擦椅子；从衣柜里拿出围巾；坐在沙发上看书；在花园里走来走去捡树叶。我跟着你跑，并且学着你做，但是我脑子里也有自己的计划：

> 我可以在游戏场的沙堆上挖出一个很深的洞。是用小铲子吗？用手也可以的。上面的沙子很细腻，感觉干燥而温暖；下面的沙子很粗糙，湿润且冰凉——真是没想到啊。我用从下面挖出来的沙子可以更好地建一座小山，比细腻干燥的沙子好用。

> 我能够登上滑梯向下看。我学习着：别的孩子怎样滑，在上面时又怎样跳下去。

> 我可以跳进一个大水坑里，用我的小鞋踩来踩去。

> 我能爬到一个倒下的树干上去，在上面走平衡木。

大多数时候你都在我的身边守护着我，以免我出了岔子。无论是我从柜子里拿果酱，还是我在你烤蛋糕时拿搅拌器混合鸡蛋和白糖，你总是看着我，有时你也会帮帮我。当你表扬我说："干得棒极了！"我可真开心啊！

成长小提示

赞扬应该诚恳

孩子因为他的所作所为而得到认可，这样的美好体验能够增加他的动力。请不要一味地试图通过称赞来促成孩子达到你所期望的行为！最好能够真诚地、在你真正愿意的时候对孩子提出表扬——也就是当孩子鼓舞了你的时候，当你对他的行动产生共鸣的时候。请具体地告诉他你喜欢他的原因："你采摘了醋栗来做饭后甜点，做得很好。"

积极进取

这个成长阶段中的每个孩子都在试探着自己的能力，他们对自己成功做到的所有事情都自豪得不得了。就这么继续下去吧！

"快看，我会这个！"两到三岁的孩子每天都会无数次地展示自己会做哪些事情，比如在沙堆上堆高山或者挖深洞，比如和其他的孩子争论，再比如跑步、攀爬、跳跃……当然，他们想要尽可能地自己挖沙洞、跑来跑去、上蹿下跳，想要自己吃饭、穿衣服、脱衣服，并认识其他的孩子。这些正是这一年龄段的孩子所需要的，因为这些事情能让他们积累自己的经验。他们会有这样的感受：偶尔不跟在妈妈或者爸爸后面走，真好。这再一次清楚地表明：孩子们并不只想要模仿，想要别人给他们做示范，他们更想自主地成长并探索世界。大人们不必总是试图引导他们欣赏世界的美和魅力："你看，这多么有趣、精彩，多么不同凡响啊……"这完全没有必要。探险家和征服者都是依靠自己不断地发掘新事物，而每个孩子都是一名探险家和征服者。

总是全力以赴！你的孩子想要探索并展示自己的能力，他还想知道自己敢于做哪些事。

136

洞察力

你的孩子现在越来越频繁地显露出他惊人的洞察力：如果他面前放着一个真正的手机和一个玩具手机，或者一支断掉的彩色铅笔和能正常使用的墨水笔，又或者是破了一个洞的杯子和一个完好的杯子，那么他可能就会选取能用的那一件递给别人——不管别人说了什么。需要打电话的时候他会给出真正的手机，需要写字的时候他也会递过去能用的那支笔，而要倒茶水的时候他则会选那个完好的杯子。如果仔细观察过孩子，你就会禁不住赞叹他广博的见识，会惊讶他在截然不同的生活领域中都具备了一定的洞察力。在不知不觉中，你的孩子仿佛自然而然地就彻底学会了这些东西。

当字句滚滚而出

在孩子培养出的新能力以及拥有的新知识中也包括他逐渐学会讲述的"小"故事——虽然还只是残缺的片段，但也算得上是故事了。一开始，他的语言也许还只是断断续续地往外冒，但却生气勃勃。尽管他的发音还有待进步，但他的词汇量会让你感到惊讶。孩子的语言能力在极速成长。就像在面对其他成长任务时一样，孩子们学习语言的速度也有快有慢、各不相同。

童话及其影响

虽然他们还远远不能理解全部的内容，但这个年龄段的很多孩子已经开始喜欢听简短的童话故事。他们热爱这些故事，因为在故事被讲述的过程中情感会激荡起来。他们心驰神往地倾听着讲述者——有时粗声大气，有时轻言细语，时而喃喃，时而飒飒，或者放松，或者紧绷，充满神秘感。"故事时间"（在最初阶段它大概也就是几分钟而已）会变成一种仪式，它给年幼的听众们带去了很多的

成长小提示

当语法还不顺畅的时候

在与孩子交谈的时候你也许会注意到，孩子无法说好某个难度较高的句子，因为他对这个句子的结构和语法还很陌生。该怎么办呢？要予以纠正吗？最好不要。请更多地通过柔和的方式去影响孩子，比如可以说："你心里想的是正确的，你用其他词语再跟我说一次好吗？"然后，你可以再用自己的话重新说一遍（运用正确的语法）。

这个在语言学习方面的例子也可以应用到其他的成长领域中去。我们的口号就是：不要教训或者纠正，只需示范正确的做法。

在讲述与倾听的过程中，崭新的世界对孩子敞开了吗？

依靠安全、温暖亲昵。孩子们喜欢重复，而且如果你把他们熟悉的故事缩短了或者做出改动时，他们能够马上察觉到。

孩子将要迈出通向丰富想象力的第一步：在听故事的时候，孩子们可以沉浸在另一个世界中。在倾听的过程中，新的视野被打开了——这就是你的孩子现在的感受。而他们在听故事的时候内心浮现出什么样的画面和设想，只能从他们的表情和肢体语言中略作猜想和解读。歌曲、童谣与童话也是一样的。除了声响和音调之外，内容现在变得越来越重要。

孩子现在有记忆力了吗？

什么样的经历会留存在年幼孩子的记忆当中呢？要到什么时候他才能够说"昨天见过的东西，我今天还记得"？从出生开始，你的孩子逐步建立起越来越复杂的记忆体系。他如今已经了解了物体在空间中的行为，他知道人们说话的方式以及要遵循哪些行为准则。

孩子的记忆如今已经非常深刻了。随着时间的推移，他逐渐明白，曾经出现过的东西自己会再次想起来：晚上有晚饭吃，而这正是他在晚上想要做的事情。

从一岁半左右开始，孩子就能够模仿那些目前不在场并且前一天也未曾露面的人的行为。

通过模仿进行的学习逐渐具有越来越重的分量。你的孩子把那些对他很有吸引力的行为作为模仿的范本。加拿大心理学家艾尔伯特·班杜拉（见第75页）称之为"社会性学习"。

孩子的记忆与语言的关系会慢慢变得更加紧密。记忆研究专家把记忆划分为以下几个"门类"：

> 语义记忆。它以越来越复杂的方式储存着对世界以及现实的综合性知识。

> 情景记忆。它储存着越来越多样化的个人内容（如：我今天做了些什么？）。

我要在世界上留下痕迹

亲爱的妈咪，我有一支粗粗的笔，我用它在纸上画画。快看这儿，我会画画啦！我画得还相当不错呢！

我喜欢画画。拿起一支又粗又软的画笔我就直接动手涂抹起来。让我很惊讶的是：一幅多彩的画面就这样自然而然地出现在纸张上了。这可是一幅我自己独立完成的作品。我接着画下去，更多的线条、圆圈……线条比圆圈和曲线更容易画。如果我用别的画笔和别的颜色试试看，那又有什么情况出现呢？我拿起一支新的、细细的笔，用新的颜色重新画起线条和圆圈来。然后我再次拿起那支又粗又软的笔——这支笔更好用一些。如果我用力按压，画出来的线条与我轻轻按的时候不一样啊！

成长小提示

一起动手

把自己的画作展示给别人看，这对孩子来说是一种很自豪的感觉。如果你对他说："我真高兴画画能给你带来这么多乐趣。"或者你也能一起作画（如果孩子这么要求的话），那么，孩子对画画的兴趣还会继续增长。如果你的孩子感受到你对绘画的喜爱，他肯定会受到感染。另外，低龄儿童还喜欢用手指在平板电脑上画画，用这种方式一点一点创造出来的涂鸦大作还真不错！但是，彩色笔、蜡笔、手指画颜料和水彩颜料等也从来不会失去魅力。

涂鸦，绘画，留下痕迹

与画画的渴求对应（表现）的是想要在这个世界留下明显痕迹的渴望：
"这是我画的！"孩子们想要自主行动并能产生影响。

你的孩子会在画纸上用黄色、蓝色和红色画出起起伏伏的曲线，绘出强而有力的弧形，制造出活力四射的锯齿形线条。每一幅图画都是他个性的表达。人们可以从中一眼看出来，孩子是带着多大的兴趣，又是以什么样的心情在涂涂画画。大多数孩子都是在欢欣雀跃中涂绘出他们最初的画作的。他们此时的感受是："我干得挺棒的。"他们全神贯注地涂呀画呀，动作已然相当灵活，而且很有自己的想法。这些涂鸦画作记录着孩子们不断向前的成长过程。

不断对自己的作品精益求精：这是孩子在绘画过程中所练习的东西。

画面包含着信息

孩子们在初始阶段制造的涂鸦、图形以及用纸和笔进行的练习并不是他们对世界或自己的想法进行具体描绘而做出的尝试。这更多的是他们的一种自我体验："我有热情，我有精力。"

孩子会借助不断进步的绘画技艺来诠释自己的涂鸦作品。他们给图画赋予含义——尽管这些含义不一定能被观众理解。

涂鸦和绘画总是有这样一种功效：画面都是信息。它们是传递给别人的信号，将来，当涂鸦发展为图形时，它们也会被别人理解。在孩子过完三岁生日之后，他们的图画就进入了众所周知的"有脑袋有手脚阶段"，圆圈和线条会组成"有手有脚的妈妈"肖像。这一场景大家一定都不陌生！

孩子们借助自己的图画和他人进行着交流——和你以及幼儿园阿姨，还有其

随心所欲地画

绘画也和成长一样：每个孩子都有自己的偏爱和喜好。有的孩子喜欢用铅笔，有的孩子喜欢用蜡笔、水彩颜料或者彩色软笔……有的孩子喜欢画花朵、太阳和房屋，而有的却喜欢描绘幻想出来的大机器。

随着时间的推移，孩子们开始选择绘画材料，选出最适合他们的心情或者最适合他们绘画主题的工具。请你为孩子提供工具、资料以及时间并腾出空间——不管是餐桌不是孩子自己房间的地板。

如果孩子愿意，你可以和他一起来尝试解读他的大作。但如果偶尔看到某幅图画显得较为阴沉，你也不必多想。在孩子画画的时候悄悄观察他，这是一件很有意思的事情。他常常会自言自语，讲述着故事，修改着图画。请参与其中，偶尔提出问题，但请不要施加影响！如果孩子想要尝试一下，偶尔也可以用一用绘图册或者绘图模板，但不要经常用！

他的小孩。

从孩子的图画中你已经能够看出他在身体、智力和心灵上的成长，也能看到他想象力的发挥、发展——当然，这些只有从他们将来的绘画中才能真正地解读。因此，孩子的涂鸦画作不仅受到父母的欢迎，也同样受到专业人士的重视——通过这些图画他们能够对儿童的内心生活以及世界观有所了解。

儿童的"创作阶段"

学龄前儿童画画的最重要的阶段有下面这几个：

> 第一步：胡乱涂鸦。

> 第二步：头脚俱全。

> 第三步：描述性图画。

> 接着就是越来越贴近现实的绘画。

大多数孩子喜欢用纸笔或者用颜料和小手涂涂画画。他们对自己的作品很是惊叹。一般说来，女孩子比男孩子更乐意把自己的想象描绘在画纸上，但这也可能是人们对不同性别的孩子采取了不同教养方式的缘故。

人生第四年

扮演游戏——在玩乐中探索世界

这个阶段的孩子最想做的是成天不停地玩耍。
自己玩，和妈妈玩，和爸爸玩。
与玩耍始终相伴的是想象力和创造力。

我这么想象

亲爱的妈咪，在玩耍的时候我有了很多主意。我要尝试自己的想法，要时不时地沉浸在幻想世界之中，独自一人待着。

我会画画、会跳舞、唱歌，还会做手工、盖房子……我最喜欢的就是玩耍。我喜欢和我的泰迪熊一起坐在桌子底下的秘密小窝里。我也喜欢在我的儿童灶台上做饭，或者用积木搭建高塔。有的时候你会和我一起玩。你要不要做大马而我来做骑士？我不仅喜欢玩，还喜欢讲故事。

我最喜欢的故事和电影

让我来给你讲一讲今天在幼儿园都发生了哪些事情吧！米瑞安的奶奶今天来了。米瑞安不喜欢西红柿！约纳斯趁着别的小孩睡觉的时候捂住了他们的鼻子，然后他们就醒过来了。大象会吹号，还会喷水花。猴子总是在身上挠来挠去，还跳到了桌子上。母鸡们咯咯咯地走来走去，惹火了公鸡。我有时会看因特网上的视频，我特别喜欢关于生活在大山和森林里的动物的电影。我最喜欢的是那些有狍子和小鹿的影片。这些片子我会反复观看。我最喜欢的视频是关于那列好长好长的火车——它飞快地穿过田野、隧道和火车站。爸爸告诉我这辆火车从哪里来又要到哪里去，它的名字叫作"城际特快"。我们也一起玩了火车游戏：等车、上车、下车，装行李、卸行李，还扮演了列车员和火车司机。

我有时候会在妈妈的平板电脑上玩汽车：消防车、警车、救护车、大卡车等等，我都可以用手指来开动，它们会发出声响。它们行驶着，咆哮着，发出"嘀嘀嘀"的喇叭声。我还会拿出自己的玩具汽车来玩。它们会在房间里开来开去，嗡嗡直响，也会"嘀嘀嘀"地叫唤。

当思想长出了翅膀

孩子的想象力慢慢长出了翅膀，幻想可以摘下天上的云彩。你的孩子正在尽情地运用自己的想象力。

随着时间的推移，三到四岁的孩子能够越来越清晰地用字词表达自己的体验和经历。他们培养出这样一种感觉：自己是所有这些印象的中心。在这一过程中，除了智力和专注力之外，他的想象力也非常有助益。科学家把想象力看作儿童了解世界的重要工具（见第153页）。

越来越细节化

一名低龄儿童的想象力仍然是非常有限的：在他旁边有小狗在叫唤，在花园里有玫瑰在盛开，更多的内容就没有了。当他第一次讲述自己的故事时，描述是朴素而简略的，在我们看来，有些部分还非常跳跃，也不具备情节性的架构。这也正符合他的年龄。然而，进入人生第三年并一直到第四年，情况会发生变化。这个时候，孩子开始运用自己的想法把"他的"故事说得有声有色。一切就这么一步一步地变得不一样了。叫唤的小狗现在会变成窜入森林的小狗；在花园里盛开的玫瑰会变成特别大的红色玫瑰，它还有会扎人的花刺；而雪花则变成远道而来的星星。

让想象力形象化

孩子们开始虚构故事，他们会为自己的小小故事添枝加叶，然后把他们的想象力诉诸画纸。倾听和观察他们真是一件乐事。在想象力抽枝萌芽的同时，孩子们也培养出更多的色彩感，这绝对不是巧合。每个孩子都在通过自己的方式学习处理色彩，当然他们也深受各自特有文化背景的影响。有的孩子三四岁便会画出色彩丰富而浓烈的图画，而有的却对色彩的感知较为滞后。色彩感与想象力是相关的。有的孩子沉迷在他虚构的世界里，而有的孩子却更关注现实。

用孩子的眼睛看世界

在日常家庭生活、幼儿园和大自然中，年幼的孩子随时随地都能为自己的想象找到素材。很多父母都希望自己能够以孩子的眼光看看世界。这双好奇的、劲头十足的眼睛在这个成长阶段都看到了些什么呢？它们察觉到了成年人在日常生活中遗漏的东西吗？

沉浸在自己的世界里

并不是所有的成年人都能够对儿童的想象力充满喜爱。发展心理学家让·皮亚杰认为，儿童这种不知疲倦的、偶尔泛滥的想象力是一种失调，以后会自行消退。皮亚杰把它描述为从感知运动思维（刺激、反应、动作、意识）迈向前运算思维的过渡，认为它是通过内心画面的增加和语言表达力的增强得以实现的。孩子还认识不到理性的关联，他认为所有自己以为是真实的东西都各自拥有生命。皮亚杰称之为"魔幻式思维"（泛灵论）。今天，专业人士用不同的眼光看待想象力这一主题以及相关的游戏。他们不再采用"混乱"的孩子这一说法，也并不认为这些孩子无法看到现实。以他们的观点来看，想象力、魔幻式思维并不是异想天开，也不是暂时性的能力缺失，而是一项宝贵的天赋。从现在开始它将逐年更加细腻，并让孩子的一生更加丰富和充实。

幻想有着自己的规则，没有"你可以怎样"，也没有"你不可以怎样"。思想是自由的，这让喜欢在脑子里移山填海的三四岁儿童非常开心。在幻想中一切都是可能的——这正是不可思议的地方。

> 孩子会谈论起爷爷和他的猫。在现实里，爷爷根本没有猫，但在孩子们的想象中却是有的。问题出在哪儿？

> 孩子说起幼儿园里的苏珊总说她喜欢哭，但苏珊却从来不哭。

平淡无奇的事情也好，非同一般的体验也罢，在幻想中一切都是等价的。所有的细节，甚至每一个字、每一句话，对目前阶段的孩子都很重要。日常生活是训练的场地，而想象力则是练习的辅助工具。

成长小提示

虚构故事

带有隐藏图画的画册很受低龄儿童的欢迎。在这样的书里到处藏着人、动物、交通工具等图片。在书里能看到数不清的细节，主题有"城市""海滨生活"等，不一而足。在此之前，你的孩子一直在书中寻找着小狗、小猫、小鸟这一类的物体，而现在他可能会想要讲述小故事。你首先要做的就是当他的听众，其次才是按照图画创造自己的新故事以鼓励孩子继续讲下去。

愿望有时能带来帮助

不仅是年幼的孩子，成年人也同样经常沉浸在另一个世界之中。内心独白在我们的生活中占据了大量的空间，而我们却几乎不曾留意。我们成天无数次地在心里走出现实。所以，当日后孩子的现实感成长起来以后，他却依然运用大量的想象力来描画日常生活，也就不足为奇了：

> 我想，如果我有一个弟弟，他会……
> 我想，对那个今天惹我生气的人我可以这样报复。

想象力远远不只是由于不成熟而产生的异想天开，它也能给愿望的实现、目标的完成带来帮助。

成长小提示

幻想就是胡思乱想吗？

有的人把小孩子正在成长中的想象力当作胡思乱想来处理，对孩子们的这种思想的魔法游戏、思维的杂技艺术完全不理解——这些人更多的体现了理智和实用主义，他们试图蛀坏孩子的想象力，会说一些"别再胡说八道了""脚踏实地点好不好"，或者是"你又在建造空中楼阁了吗"诸如此类的话。更好的做法是：请和孩子一起胡说八道，让自己和孩子一起投入一场独特的思维漫步。

色彩、幻想世界、自由自在的美梦：在这里孩子的个性能得到成长。

147

我可以轻而易举地移动高山

亲爱的妈咪，我目前最喜欢的是和我的泰迪熊或者布娃娃玩耍。有的时候我也喜欢和你一起玩。

今天是小熊泰迪的生日。我为它准备好了生日大餐：蓝色的这块积木是蛋糕，黄色的那块是一件礼物。"你现在得拆礼物啦。"我说道，并把积木放进了它的"手里"。我现在是费舍先生，我开着一家商店——橱柜就是我的店铺。我的布娃娃安娜到费舍先生这里来买东西。"来一瓶牛奶。"她说道。我递给安娜一个硬纸盒。"有劳啦。"她说道。我常常住在森林里——我们家的走廊就是森林，而楼梯下边就是我的小茅屋。兔子上门来拜访我了。他说："森林里可真美啊！"我的塑料人偶是消防员，他们蹲守在消防楼里，提防着火情。这时，他们听见了警报声。我大喊："起火啦！"我今天是一条巨龙，居住在沙发的后面。我吃着香肠——积木就是香肠。而你是一头狮子，想要偷我的香肠。可是巨龙是不会交出香肠的。我们接下来干什么呢？我总是能想出新游戏。

成长小提示

适合的玩具

玩耍中的儿童需要玩具。树叶、石子、硬纸板、木头、箱子与盒子……很多不一定能在玩具店买得到的东西也是适用的。这些东西也许被搁在角落里无人注意，也许散落在花园里，或者是从废纸篓里找出来的。除此以外，诸如布偶、娃娃或者玩具小人这些传统型玩具也都很受欢迎。请不要提供过多的玩具，因为成堆的玩具更易让人麻木，并不能让游戏更丰富多彩。

抛开现实

你的孩子是一名发现者和发明家。他发明出或粗野或温和的游戏，这些游戏深受他不断变化的体验所影响。

如今，儿童游戏已经不再被看作纯粹的打发时间，而是被视为心灵和社交能力健康成长的重要基石。伪装游戏、角色扮演都是学龄前儿童最喜欢的活动。在游戏的过程中，将会出现以下情形：

> 愿望得以实现。

> 自然规则被打破。

> 初步的情节发展被虚构成型。

> 不同的游戏因素被结合在一起。

> 现实以外的可能性被创造出来，并且进行了测试。

伪装游戏和角色扮演

在这个年龄阶段，你的孩子会尝试不同的游戏：

> 一名四岁的小姑娘扮演公主，而房间的走廊是她的宫殿：在伪装游戏中，游戏者成了另外一个人或物体，改变了自己的意义。于是，与从前不相同的经验被开发出来。

> 一名三岁的孩子扮作邻居米勒太太。米勒太太正在和另外一位邻居罗西喝茶。谁要一起玩吗，来扮演罗西？在角色扮演中，孩子们一起扮演分配好的角色。哥哥来做狮子，而我来演大象。奶奶和我一起骑摩托车……

> 而在经典的"妈妈、爸爸和孩子"游戏中，两岁到四岁的孩子们基本上都不愿意扮演孩子。妈妈和爸爸的角色更有吸引力，因为妈妈爸爸能够做决定。

如果有一名成年人参与，孩子会主动努力让思考"更理智"、发言更"精明"，就像大人们做的那样，虽然这样一来乐趣似乎会减少。

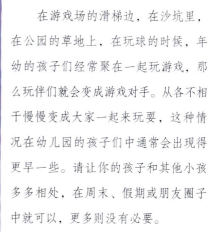

成长小提示

第一批朋友？

在游戏场的滑梯边，在沙坑里，在公园的草地上，在玩球的时候，年幼的孩子们经常聚在一起玩游戏，那么玩伴们就会变成游戏对手。从各不相干慢慢变成大家一起来玩耍，这种情况在幼儿园的孩子们中通常会出现得更早一些。请让你的孩子和其他小孩多多相处，在周末、假期或朋友圈子中就可以，更多则没有必要。

我想要和谁一起玩？

娃娃、毛绒动物和小小的塑料人在现阶段非常受欢迎，因为它们能够顺从地做它们该做的事，说它们该说的话，也因为它们始终拥有很好的适应能力，从而非常适用，是理想的陪练伙伴。

其他的孩子是否也是理想的陪练伙伴呢？集体性游戏还颇有不足之处。一方面，同龄的游戏对手都有自己的主意，而且都想要实施自己的想法，这就引发了恼人的摩擦。另一方面，这个年龄段的孩子还无法在游戏中发出明确的引导指令，自己也做不到遵守指令。所以，大家经常是各自玩耍而不是一起游戏。以打电话的游戏为例：一个孩子在和自己的妈妈打电话，另一个孩子在和爸爸打电话，但是两个孩子却不是互相通话，因为没有玩在一起。然而这种情况在孩子们将近四岁的时候会有所改变。

今天狮子，明天国王

你家三四岁的孩子现在开始扮演起一个角色中所隐藏的不同侧面。借助自己的想象力，他发现了游戏中的各种可能性：木头人偶可以讲话和吵架，小狗可以飞翔还可以说话，甚至还有会跳舞唱歌的癞蛤蟆。父亲像袋鼠一样跳来跳去，而身披粉红色公主长裙的小女孩在旋转舞动。一名沉浸在自己游戏中的孩子化身为巫师，能把所有游戏对手变成目前正需要的人物：警察、售货员、卡车司机……

一不留神，你的孩子就成了魔法大师。

在游戏中，你的孩子尝试着不同的行为模式：在这样或者那样的情形下，哪些角色会采取什么样的行动？他的思维展开了翅膀，飞离地面，翱翔在大地之上，并翻腾不休。道具和象征物当然也是必要的：一个枕头能变成一张床，一个盒子可以变作夹了肉肠的面包，一块长方形的积木则成了切菜刀。

有的孩子偶尔会完全放弃道具，他们会在自己的想象中描绘出幻想的角色都经历了哪些事情，然后还会解说："……这时，老鼠掉进了深深的水井中。啊，真吓人呀！"

一个按照我的意愿运转的世界

伪装游戏和角色扮演赋予了孩子力量，让他们能借助想象力和创造力，按照自己的意愿来改造人生。大胆的想法变成了现实——而且不费半分气力。你的孩子开始按照自己的设想来改变世界，并且在这一过程中对人生有了很多的领悟。

在讲述和玩耍的过程中，重要的只有此时此刻，其他的都无关紧要。年幼的孩子相信自己的思想和感受能直接影响现实。比如，当一名三四岁的儿童想象着在他的床底下有一只鳄鱼，于是在这一刻他就真实地感受到了这个动物：鳄鱼真的就在床底下啊！这只鳄鱼是友善的还是危险的？这也由孩子的想象来决定（见第156页）。当他的游戏结束时，这场思维的远足也就走到了尽头，现实重新开始发挥作用。一开一关，就这样如同摁按钮一般完成了从游戏到普通生活的切换。

曾经，专家们认为这个年龄阶段的儿童无法准确地区分幻想和现实，有时也会弄不清臆想内容与真实事件之间的界线，因而在法庭上，儿童并不适合作为证人。但如今，人们明白了：孩子们只有在极少数情况下才会难以区分想象与现实，比如在半梦半醒之间或者是发高烧的时候。

成长小提示

指出方向

"是我虚构的"和"不是我虚构的"——在游戏中孩子试图在这两个端点之间保持平衡。如果你也一起玩的话，你可以时不时地为他指明方向，比如"我现在是××"或者"我现在假装正在做××"。而你给出的这些方向性建议如果在游戏中不显突兀，并且能够帮助孩子更好地理清头绪或者能推动情节进一步展开，孩子是会注意的。

玩耍就是学习

带着无穷无尽的探索精神，你的孩子在游戏里模仿着你和其他人在日常生活中做过的事情。在这一过程中，他运用并表达的是从别人那里照搬过来的想法、准则和价值观。在玩游戏的时候孩子的脑海中常常会浮现这样一个问题：我对这个世界到底是怎么看的？

伪装游戏、角色扮演、利用想象力和理解力来探索人生——这一切赋予了孩子力量，让他能在意识里按照自己的愿望改造人生。在玩耍中，他尝试着与现实不同的其他可能性。因此，三四岁的孩子在不断发现新的视角来看待现实。这样，随着时间的推移，他将越来越好地理解周围发生的一切。

在下文中将要描写的是孩子们逐渐自主掌握的一些能力，专业人士把这些归纳到"角色接受能力"这一总概念之下。在孩子五六岁的时候，通过游戏检验自己日益精进的角色接受能力还将给他带来极大的快乐。

怀疑出现：被我看穿啦！

与此同时，怀疑也在发生发展：事情并不都是看上去的那个样子。大多数孩子在四岁的下半年都会形成这样的观念，与之相关的是额叶——大脑研究者把这一区域称为前额叶皮层——的发育成熟。发展心理学家喜欢称之为"心智发育的一项巨大飞跃"，这样的飞跃可与在大约两年前孩子对自我的发现相媲美。

质疑现实，这是一项新的重要能力。

中心异化：这是我，那是你

将近四岁的孩子逐渐明白了，自己的世界观和他人的世界观是有差别的。按照让·皮亚杰的说法，孩子们学会了"中心异化"。皮亚杰在 20 世纪 30 年代就已经通过"三山实验"证明了四岁左右的孩子能够接受其他孩子的视角：参加实验的儿童坐在用造型纸板做成的山岩前面，三座大小不同的山岩由低到高前后排开。孩子们被要求采用坐在自己对面的、山岩另一头的孩子的视角来回答问题。很多四岁的儿童都能够给出正确的答案！他们断定，另一端的孩子只能看见最大的这座山，因为它比其余两座山更高大、也遮挡住了它们。而五到六岁的孩子则几乎全体回答正确。

"中心异化"的能力也意味着：四岁的孩子能够越来越清楚地意识到，他们身边的人不一定会知道他们自己所了解的事情，或者，别人不知道他们自己正想要做什么，反之亦然。从这个意义上来说，"中心异化"也就意味着孩子有能力对其他人及其内心活动做出设想，并且他们也能肯定，自己的内心世界和别人是不一样的。这种能力将来会自然而然地得到大规模的运用，它是人与人之间所有交流与理解的基础。

对"诡计"和"欺诈"的兴趣

现在孩子们对那些可以使用小小诡计、制造出其不意效果的游戏产生了越来越浓厚的兴趣。在受到每一代人欢迎的"剪刀、石头、布"游戏中他们赢的机会越来越多。在数到第三下的时候，也就是说"布"的时候，玩伴们同时做出"剪刀"（分开伸出两根指头）、"石头"（拳头）或者"布"（摊开手掌）的手势。剪刀可以打败布，因为它能剪破东西，但它却会被石头击毁，而石头又因为会被布包裹而败给对方。这个游戏吸引人的地方在于：大家并不知道对手会做出什么决定，但可以试着去猜测。

我赢啦！感觉真棒。可如果输了呢？那么就开始新的游戏，迎接新的机遇。

游戏也与感受有关

在游戏的过程中，感情始终都参与其中。有的时候也会出现烦人的情绪，比如生气、恼怒或者伤心。举例来说，如果一名自信的、家庭关系稳定的三四岁孩子正在与恐惧做斗争，他通常会在游戏中表达出来。他会不会担心别人可能不予理解？大多数时候他不会有这种担忧。如果与自己的家庭、周围的人有着良好的关系，孩子（目前）不会像人们以为的那样表露出胆怯害羞。心理医师、儿童心理医生卡尔·海因茨·布里希认为这种有积极意义的成长来源于孩子们最初的情感关系。他们拥有稳定的亲情可以依靠，他们确信自己在家里可以完全信赖父母，在幼儿园里可以百分之百地信任保育员阿姨。

经历和感受变得有条理

明确的自我意识在逐步形成，它帮助孩子整理好他们心中那成百上千的经历和感受所造成的混沌，也就是帮孩子理清人生的头绪，让他们学会更好地控制自己的行为，更好地运用自己的想象力，从而更好地应对这个世界以及其中的规则。幻想式的游戏让感官更敏锐，让语言更丰富，也增长了知识，加强了创造力、毅力和社交能力——这是一项健身训练，它实现了思维的发散，也对智力提出了一定要求。这项训练使你的孩子培养出不同的能力，能让他的生活更轻松，也更有乐趣。

清晰的条理也是一种损失

成年人常常对孩子们能毫不费劲地虚构出新的世界而惊叹不已，然而这种轻松却会在接下来的几年里消失。"我们越来越清晰地聚焦，让越来越多的东西淡出了视线——也包括那些精彩的东西。"美国心理学家艾莉森·高普尼克如是说道。当我们在关注某些看似对我们很重要的细节时，我们就会忽略整体。创造力也会因为局部性停滞不前，因为创造力恰恰在于能在第一眼看上去互不相容的东西之间建立起联系。

成长小提示

保持想象力

请为你的孩子提供充足的机会来增强他的虚构能力，发掘并维护他的想象力。

> 在角色扮演中：孩子扮作小丑，而爸爸是鳄鱼。小丑和鳄鱼争吵着、打斗着。

> 在讲故事的时候：在那七座山后面有一个绿色的怪物。首先让孩子开头，然后妈妈或者爸爸接着异想天开地把故事情节继续下去。

> 在画画的时候：谁来画树？谁画小树，谁画大树？谁来画一棵没树叶的树，谁画有树叶的树？

不管是讲故事的天赋、游戏的兴趣、绘画的技艺还是创造力，它们都必须慢慢地和孩子一起发育。这就需要时间，更需要悉心的支持。但请别忘记，要把指挥棒交到孩子自己手中。

是真还是假?

亲爱的妈咪,复活节的时候会有复活节兔子上门,圣诞节的时候会有圣诞老公公来访。他们真的存在吗?

复活节兔子和其他的兔子们一起住在兔子国里。兔子们全年都休假,只有在复活节前他们得在鸡蛋上画画,然后装在篮子里带给孩子们,并且要在早上大家还没醒来的时候把鸡蛋全都藏起来。圣诞老公公身穿大红袍,坐着他的雪橇,然后风雪兼程地走访每一栋屋子,给孩子们送去礼物。人们甚至还能往他的住址邮寄信件!这一切都是真的吗?幼儿园的乔纳森说:"复活节的兔子不存在!"现实中没有怪物和小矮人,童话里的白雪公主也不存在,这个我是知道的。那么有没有圣诞老人呢?有没有复活节兔子呢?有的!这个我很确定。

深夜里鬼怪突然嘎嘎叫

晚上我偶尔会弄不清楚自己是清醒着还是正在做梦。我坐在床上,我的被子上面蹲着一个巫婆。我哭泣,我叫喊。你来了,安慰着我:"没事的!别害怕!"我醒了,但却仍然继续做梦,可怕的巫婆就是不消失。但后来她到底还是不见了。我知道,我正坐在自己的床上,身边没有我害怕的东西。真好,有你在我身边紧紧地把我抱在怀里。

当夜惊到来的时候

年幼的孩子脑子里充斥着大量的想法和感受，思维在不停旋转，感觉也混杂紊乱。

孩子的经历和感受被他在自己的幻想中进行了"再加工"，这些经历和感受甚至会跟随他入睡，进入他的梦乡。因此，孩子有时候会在夜晚突然从睡梦中醒来，从床上坐起来，呈现出一种奇怪的恍惚状态。他吓得身体僵硬、浑身是汗，口齿不清地喃喃自语。你的孩子有可能看到了一些在现实中并不存在的东西。他在哭泣，不知道自己到底身在何处：是正在做噩梦吗，还是他刚才经历的是个存在巫婆的恐怖世界？

在这样的时刻，你的孩子可能很难平静下来。可怕的画面仍然停留在他的视野里：怪物近在咫尺。而柜子、窗子、椅子和灯光这些真实的元素都被淡出，又或者与这种奇异的半梦半醒状态融合在了一起——窗帘变成了入室歹徒，电灯变成了怪物。

幸好，夜晚的鬼怪通常都会在一小段时间之后消散，孩子能够重新真实地感

得救啦！虽然想象力把夜惊吸引了过来，但是白天的时候恐惧很快就会被赶跑。

该怎样赶走鬼怪呢？

让孩子相信他感知到的东西并不是真的？这可毫无胜算。当恐怖的怪物在夜晚出没于梦境和现实之间时，每一个孩子都需要得到关心和支持：

> 认真对待他的恐惧感。

> 安慰能让他感觉好一点。

> 表达你对他的理解。通过肯定来加以说明：你经历了一些真实的事情，但这是不一样的，更确切地说是心里的现实。

> 请和孩子一起检查看看，床底下、枕头下或者窗帘后面是否藏着"东西"。检视能减轻恐惧感，能帮助孩子远离原来的感受。

> 如果可能的话，请你把让孩子害怕的东西拿走。如果你的孩子看见枕头上有一个巫婆，那么就把枕头弄走。

> 把门留出一条缝，让灯亮着。

> 早晨最好让孩子马上去室外呼吸呼吸新鲜空气，活动活动！在早餐桌上聊一聊日常话题也能改善孩子因为夜晚受到惊吓而引起的恍惚状态。

> 过后再回到做梦的话题上来，在白天谈一谈昨晚发生的可怕事情，这会让恐惧消退。

受世界：这个世界有一名父亲，他正坐在床边安慰、拥抱着自己的孩子。还有一名母亲，她在说："我们都在这儿呢！"于是一切都变好了！

被施了魔法的内心世界

这种独特的夜惊现象在不少三到四岁的儿童中都并非特例，更确切地说是惯例。人们猜测，这与神经系统的成熟脱不了干系。即使是成年人偶尔也是会做噩梦的。那么第二天早晨会怎样呢？一切都随风而逝了。妖魔鬼怪？出现过这种东西？虽然他们也许会感觉有点恍惚或者心烦意乱，但一坐在早餐桌旁，夜晚的阴影就完全消失了。

在白天，有些孩子似乎也会做梦。有的时候，他们更愿意把目光投向内里而不是外界，因为世界提供给他们的并不都是有趣的东西。有时别人想要和他们沟通，就只能通过一位"中介人"——比如一个布袋木偶——和他们说话。

人生第五年

一步一步走向自立

精力旺盛的学前儿童把探索世界作为自己的座右铭，
而且想要尽可能自主自立地去探索。
大人们做一点推动是可以的，但做得太多就不行了。

我想要更多地讲述和提问

亲爱的妈咪，门开了，你走进了幼儿园，把我接回家。我马上就开始给你讲述我都经历了些什么。

今天早上我们本来想要用大家收集的纸盒来做汽车。我很期待呢。我喜欢手工制作。可是我们后来没有做汽车，大家更想要去游乐场。我觉得这可没意思，我更情愿用纸盒子做大卡车。在外边时，我最喜欢在游乐场最边上的那个角落里玩耍，它很靠后，在灌木丛下方。在那里我可以好好地藏起来盖房子。约纳斯和米瑞安也喜欢待在那里。你有没有在听我说话啊？你带着大袋子，我们是要去买菜吗？你给我买一个冰激凌吧？为什么小狗长得都不相同，而小猫都比较相似？为什么汉堡市要叫作汉堡市？在那里有一个城堡吗？乡下的孩子能体验到和城里孩子相同的事情吗？今天早上幼儿园里来了一头大象。这头大象经常来。它首先站在花园里，然后用它的长鼻子敲门。当我给他开了门之后，它和我们一起坐在桌子旁，还吃了一个猕猴桃。

自己的世界

生活再次变得多姿多彩。在幼儿园里，孩子们学习、体验着新的东西。孩子喜欢给你讲述有关他学习和体验的事情，他也想知道：你们是否对此感兴趣？

当孩子们说话的时候——大多数孩子都喜欢说话——他们会中途确认听众们是否真的在听。如果成年人对孩子们的经历和诉说并不那么感兴趣，孩子们便会像测震仪那样精确地觉察到，并且觉得这很不好，因为对他们来说，每一个经历都很重要，即使这些经历在成年人的眼中都很稀松平常。

不同的体验空间

并不仅仅只有人类会对儿童的成长产生重大影响：与动物、泥巴、水坑、树丛相伴长大的孩子，经常光着脚在石头、沙滩和草地上奔跑并且骑着单车拜访邻居的孩子。他们与周围的人和事所培养出来的关系迥异于城里的孩子——这些孩子大部分时间与毛绒玩具、塑料球和电脑游戏做伴，他们穿着鞋子走在沥青路、地毯或铺着地板砖的庭院中，或者开着汽车玩耍。

在大雨中淋得浑身湿透跑回家，
然后泡一个热水澡——真是棒极了！

地平线的背后有广阔新天地

房屋、风景、动物、植物——你的孩子不仅认识了他身边并不大的生活圈子，也早已对更广阔的环境有了意识。他的视野越来越开阔，他明白了很多问题：外面发生了什么事情？事情背后的意义何在？在更广阔的环境中有些什么东西可以看、可以闻、可以听？在幼儿园小伙伴的家里又有什么呢？在邻居家呢？在爷爷奶奶家呢？还有，在那些度假的地方有些什么呢？

你的孩子是在乡村还是在钢筋水泥建造的城市中长大，对他的经历和感受都会产生影响。

思考和感受会不断更新，不同的孩子在收集和存储着不同印象：

> 在有的孩子眼中，风景看上去爽朗怡人，天空湛蓝明朗，房屋闪闪发光，人们热爱生活。

> 而在另一些孩子眼中，世界却显得灰暗阴沉。他们对太阳视而不见，只看到云层、霉斑、房屋上剥落的灰浆，还有人们严肃保守的面孔。

现实有着很多侧面。对现实的体会是诠释和感受的问题，这对儿童来说也是一样。他们与生俱来的天性和环境的影响——尤其是亲近的人带来的影响——交错作用。人们称之为遗传本质与环境影响的相互作用。作为表观遗传学的一部分，人们研究了父母的偏好和（思维）习惯的遗传性——也就是能通过遗传被孩子接收的程度（见第7页）。

不必追求完美

大多数孩子都不喜欢装备完美的游戏场地和空间，他们更喜欢自己来构建他们的游戏天地。他们也懂得欣赏那些被施了魔咒或被遗忘的角落，喜欢周围有自己熟悉的东西，同时也喜欢新鲜、有趣的事物：时而柔和、时而凛冽的风；时而昏暗、时而明亮的灯光；时高时低的气温以及有时遍布阴影、有时充满阳光的游戏场所。他们喜爱来来回回的变换：明亮与黑暗、干燥与潮湿、响亮与低沉、冷与暖、快与慢……交替变换是不可或缺的。

好问的年纪

这个年龄阶段的孩子对所有的事情——的的确确是对所有的事情——都感兴趣。你的孩子会问得你焦头烂额，而且一大清早就开始问了。四到五岁的孩子正处于好问的年纪——这个阶段可能会旷日持久——他们想要积累知识，越多越好。他们想要理解更多事物间的相关联系。他们想要看到事情的内幕：在字句的背后潜藏着什么呢？各种各样的疑问词现在统统派上了用场：为什么知更鸟会留在这里过冬呢？羊是用来干什么的呢？为什么会有满月也会有月缺呢？北斗星在天上什么地方？你为什么要煮南瓜汤呢？蜥蜴是怎样生活的呢？为什么会有洪水呢？为什么金莲花今年没开花呢？斑马和马是亲戚吗？鸟能不能听懂彼此之间说的话呢？袋鼠宝宝晚上睡在妈妈的袋子里吗？我们晚上睡觉的时候，眼睛为什么要闭上呢？

综合知识正在增长

每得到一个回答，你的孩子就会对这个世界更熟悉一分。在孩子上幼儿园的年龄，他们早就知道在停车场停车是要付钱的，手套是分左右手的，在这个世界上除了自己的母语之外还有很多其他的语言，等等。他们有着敏锐的洞察力，并且观察得很细致：四到五岁的孩子用积极主动的态度面对人生，绝不接受被糊弄蒙骗。

直接、开放的问题

一名四五岁的孩子对生活中的事物形成了自己的观点，并加以拓展。现在的他能够清楚明了地用语言来表达自己的意见，并且也充分利用着这一点：

> "你为什么说我经常玩积木？这不对！我喜欢玩的这个叫作技术组合部件！"
> "你说我很喜欢上幼儿园？可是我不喜欢上啊！"

孩子现在可能会做出这一类的解释，因为他意识到自己的观点究竟是什么。因此，他能够有条理地提出自己的看法："我不这样认为！"。

当孩子年龄越大变得越自信时，你就会听到他越来越多的见解：

> 为什么你在收到礼物时表示感谢，即使你根本不喜欢这件礼物？
> 为什么当我们去郊游的时候，你的心情会不好？
> 为什么你和我一起排长队的时候会恼火心烦？

这里的一个重点训练就是：提问，拿着"放大镜"仔细分析得到的回答。只有了解并认真对待自己观点的人才能成长为独立的人。目前正在进行的是重要的预备训练。

欢欣鼓舞是继续成长的动力

孩子们为我们展示他们制造的东西时，大多带着热情和自信。也难怪，因为他们的产品多是"新鲜出炉"的，是刚刚由他们亲自发明创造出来的：

> 用沙子堆出来的带有内置滚珠活动管的参天城堡；

> 用塑料碎块制造的作品、湖边花炮的残渣拼粘起来的火箭发射塔；

> 自己搅拌的巧克力布丁；

> 有做着各种各样工作的塑料小人的小天地。

请让孩子这种因为他们的创造能力和动手能力而欢欣鼓舞的情绪也感染你自己。为你的孩子提供更多机会来做一些能让他振奋的活动。比如在厨房里烹饪和烘烤；在花园中收集树叶，铲除杂草；在储藏室里用工具干活；在森林中寻觅松果、榉树果和橡树果；在公园里找寻栗子、榛子和苜蓿草；在儿童房里搭积木、建房子、拧螺丝……

在实验室里

四五岁的儿童一方面在进行思考，提出相应的问题并寻找答案，另一个方面也在积极地做着研究。走廊里的摆钟是怎么运转的？果汁机的内部是什么样子的？洗碗机呢？凡是能拆开的东西都会被研究检查、细细拆开并加以测验，而且还是经常性的。对此你应该做好心理准备。

如果孩子对建房子有兴趣，他会在做手工的时候展现出自己的知识。他早就搞清楚了剪刀是怎么用的，胶水是拿来干什么的；他知道该怎么折纸板，折的时候还得留出一些边缘来进行粘贴；他也知道一栋房子有四面墙、门、窗，还有屋顶，并且还要用纸板条来固定这个房子。在五岁这一年，你将为孩子不断增长的实验热情而惊讶。他的求知欲是那么强烈，并且常常能够持之以恒——真是值得赞赏。

我想要什么？不要什么？

当一名四五岁的孩子愿意的时候，他能集中地吸收大量的新信息，将它们与从前的经历加以对比。他能找出其中的相似点，并且在新信息与从前存储的经验之间建立起联系。

孩子会对新的关联加以诠释，这能够让他的思想、社会经验和情感水平得到不断成长。他通过自己平日里的所作所为，通过猜测、问询、观察和决断来了解"我想要这个而不要那个""我不需要""我不想要""我固然需要"和"我固然想要"。

你的孩子在越来越有意识地测探自己的感知和体会。同时在完全不自知的时候他也在不断地思索：我的经历是否符合我的期望？我会被别人注意并接受吗？我会被理解吗？我能应对自如吗？我的愿望是否能得以实现？事情是否正如我想要的那样？正是从这种不自知的自问中得出的答案让孩子铭记在心，决定他的感受，影响他对自己以及周围环境的体会——它们塑造出孩子的个性与人格。

大脑中新的神经细胞连接主要在孩子主动自发地采取行动时才能形成，与之相关的概念叫作"自我塑造"或"自我效能"（见第75页）。

奇幻而神秘的东西

学龄前儿童拥有着奇幻神秘的世界观（发展心理学家称之为"魔幻式思维"——泛灵论，见第146页），他们常常需要脱离现实，让魔幻的力量包围自己，并且与那些不存在于现实中的只生活在他们想象世界里的东西作战：有能施展魔法的巨无霸老鼠；有会说话的金色大公鸡；有居住在狐狸窝中的矮个子小龙；还有能拔起大树的巨人以及会在他们巡游时陪伴他们的看不见的朋友。

学龄前的孩子会与蜗牛交谈，就好像它们是自己最好的朋友。

这些奇妙的臆想、白日梦和游戏都是健康想象力的表达。学龄前儿童的思维是图像形式的：被子的下半截看上去不正像一只鳄鱼吗？花园里的柏树是不是很像一位佝偻着背的老头？孩子们让事物鲜活起来，并赋予它们灵魂。

在这个成长阶段，不少孩子会谈论他们看不见的、与他们日夜相伴的好朋友。这个朋友可能是一位名叫"莫薇"的女士，也可能叫作"胖子郭瑞拉"，又或者是别的幻想人物。孩子们给予它们名字，而它们则肩负着一大堆的使命，有时候

这种事根本不存在，还是说，真的有？

　　"我的孩子总在和积木说话，还会大声责骂他的喝水杯。这到底是正常的还是过于神神道道？"不少父母对孩子们奇思异想的反应都是很不确定的。现在该怎么办？

> 请和孩子一起融进魔幻和故事之中，不管是读故事、玩游戏还是看电视都可以。与孩子交流交流你的感受和想法。

> 但是在奇妙的魔法中，游戏伙伴也常常会造成干扰。孩子们往往更喜欢独自和他们想象出来的伙伴玩耍。

> 给孩子留出时间，让他可以无所事事地待着做做白日梦。白日梦能激发创造力。

> 请不要急于说服孩子摆脱他魔幻式的思维。而且，这一点你也做不到。

孩子做错事的责任也会被推到它们头上去。比如在擦餐具的时候碟子从手里滑下来、摔碎在地的时候。同时，处于这个所谓"魔幻阶段"的孩子们也知道什么是"真实的"，什么是"不真实的"。然而他们是否始终能将两者分得清清楚楚呢？有这个必要吗？

不要害怕恐惧感

　　四五岁的孩子通常会在童话、画册以及电脑、电视中找到图形和符号之类的材料来喂养自己的奇思妙想。让人毛骨悚然的妖魔鬼怪以及其他怪诞的生物在孩子们的想象中为非作歹，并且拥有着强大的力量。如果它们引发了孩子的恐惧心该怎么办呢？但这个梦幻神秘的世界也是一种馈赠。孩子们之所以需要神秘的图画和故事，原因在于：

> 他们可以从中表达自己的恐惧。专业人士一致认为，恐惧是儿童生来就有、一般也十分常见的东西。

　　对于幼儿园儿童以及学龄前儿童来说，这些是典型的真实的恐惧（比如怕黑、怕高和害怕深渊，或者害怕莫名的声响）。随后而来的是社会恐惧（比如害怕别人嘲笑自己，或者害怕在集体中被孤立）。

孩子们在奇幻的场景里处理着让自己烦扰的问题。他们需要这些充满神秘的画面和故事。

> 图画和故事为孩子们想象力的继续发展提供了"建筑材料"（见第146和165页）。有的时候他们会一连好几个星期对一本书或者一幅画着迷不已。

从翻筋斗到开合跳

亲爱的妈咪，我最喜欢在这一带飞快地窜来窜去。快点，再快点。这是最妙的事情！这可比坐着不动好太多啦。

在家里我经常跑来跑去。我沿着楼梯跳下去，先在屋子中所有房间里都跑上一圈。你要我安安静静地走？我宁愿跑跑跳跳。如果不能去外头，我就在沙发上来回蹦一蹦，直到你大声喊："停下来！我们家的沙发可经不住你这么跳啊！"你不准我闹腾的时候我可以干些什么呢？窝在沙发上看图画书吗？坚决不。我姐姐喜欢这样，我可不喜欢。我会不耐烦，不一会儿就开始抱怨："我可以去院子里荡秋千吗？"

以后我上学了，我要加入足球队。只可惜离我上小学还有一段时间。我一定能成为一名足球健将。每个星期我都在期待运动协会的活动。周四的下午我都会去参加体育锻炼。在运动馆里我和其他人一起嬉闹玩耍。在这里允许我们飞快地到处跑，然后开始做锻炼。锻炼项目都很不错。我差不多喜欢全部项目。爸爸如果有空的话，我们就一起跑步。有的时候我跑得比他更快，接着我会筋疲力尽，再也不想闹腾了，然后我会在沙发上歇口气。

在家里我会练习翻筋斗。往前翻我已经能做到了，往后翻还不行。爷爷给我解释了什么是肩倒立：平躺在地上，然后两腿并拢一起抬高。我的肩倒立看上去挺不稳当的。如果爷爷心情好的话，我们会玩"开合跳"：双腿分开跳起、两臂放在两侧，然后两腿互相拍击，两臂抬高超过头顶。如果我们跳的时间稍微长点儿，爷爷就会气喘吁吁的，我也一样。

运动带来极大乐趣

孩子们一晃就不见了人影，他们没头没脑地乱窜，再陡的山、再高的攀缘架都吓不倒他们。而且在高级运动技能方面他们也取得了长足的进步。

绝大多数孩子现在仍然对运动有着无法遏制的渴望。他们喜欢跑，张开双臂或者垂着两手地转着弯儿跑，踮着脚尖小步跑，或者脚跟着地踩高跷似的在附近转悠。展开四肢从山坡上滚下去，飞快地来回转着圈子，当他们跌倒在草地上，脑袋里"旋转"不休的时候，他们会笑得不能自已。每天一大早他们就开始展现自己对运动的满满兴趣，并且常常要到晚上才会停歇。

单腿站立呢？没问题。有的孩子甚至还能单腿蹦跳、倒着跑步，能极为迅速地双脚同时在楼梯上跳上跳下。攀缘呢？也挺不错的。孩子们的平衡感和身体支配能力早就在发挥着作用，不过这都是在正常的情况下。

成长小提示

给予孩子大量的活动自由

孩子现在与将来都需要大量的活动空间。如果他们不太明白该如何宣泄他们的精力，该怎么办？

> 在运动场、训练厅和游戏场地上嬉闹，学习掌控身体。

> 如果有机会的话，在公园的草地上参加一场球赛。

> 结识其他的运动小将。参加运动协会、空手道训练，去游泳……

> 为周末安排格外精彩的运动项目，比如球类游戏、擂台赛、赛跑、障碍赛跑、攀缘、跳远……

> 晚上、周末的时候一起去骑自行车，最好是在汽车不多的小路上。

> 和其他人一起去攀缘乐园玩，除了提高灵巧度和身体支配能力外，也让勇气和自信得到训练。

> 在家里随着轻快的音乐起舞、蹦跳、创造舞步。

起步早，做得好

人生的第一年是影响深远的一年，在运动技能发育方面也是一样。运动技能的发育如今却常常受到阻滞，因为大量儿童运动过少。

导致这一现象的原因五花八门，其中非常重要的一个是：安全的游戏场地和运动场所减少了，而父母工作繁忙，常常没有时间或兴趣与孩子一起开展活动。观看电子媒体和电视毫不费力地就成了孩子们的"替代活动"。

医生和发展心理学家们控诉，运动过少带来了不良后果。对儿童而言，动作不协调问题也是司空见惯，很多儿童的平衡感不能很好地发挥作用——即使上了小学后，有的孩子仍然不能保持平衡、倒退行走或单腿跳跃等等。而这些缺陷也可能给儿童心智以及行为的发展造成普遍影响。

当你的孩子能越来越好地运用自己的双手以实现他脑中浮现的念头时，他们会创造出很多很棒的东西。

双手也在协作

孩子的高级运动技能也同样取得了巨大的进步。现在他已经能轻松自如地用十几块积木搭出高塔，而这座塔甚至能立得稳稳当当——除非它被喧嚷着的其他孩子一把推倒。

通过做手工和绘画，孩子们也展现了：如今自己的双手已经可以非常灵巧地工作。他们是否能够用纸剪出兔子，或者把纸折叠后剪出一串手拉手的小人？没问题。那么把珠子穿成串呢？这不仅仅是一个锻炼灵巧性的游戏，还是对耐心的一项检验。这个任务他们也能办到。

在画画的时候，画笔大都已经按照正确的方式被孩子们握在了手里（以食指、拇指和中指为支撑的三点抓握式）。如果自己画出的汽车偶尔少了一个轮子，他们会添补上去，同样画圆圈也不再成问题。

和幼儿园的小伙伴一起玩是最开心的事！

亲爱的妈咪，在幼儿园里我很喜欢和小伙伴们一起玩耍。然而并非那里的每一个孩子都是我的朋友，并不是和所有人我都愿意一起玩。

当我们在幼儿园的露天场地玩耍时，常常有一个人会跑到攀缘架那里。他爬上去坐在上面冲着我们大家叫喊，让我们都走远点儿，但他的朋友们却可以爬到架子上去——这些人总是会听他的话。有时他说，他们是大帆船上的海盗，他是船长而他的伙伴们是水手。有时他又说，他们是救火车上的消防队员，他是队长而小伙伴们必须救火。后来我们幼儿园的阿姨玛丽来了，说："这可不行！"并且她还解释了为什么这样做不行。

我可不愿意做那个人的朋友，不想总是照他说的话去做事。我更喜欢去荡秋千或者坐跷跷板。我最喜欢的是和幼儿园里年纪较小的孩子们一起玩，我喜欢他们。当我们一起坐在沙坑里的时候，大多数时候是我在说该干些什么。我们用水壶往沙子里浇水，在沙子里挖洞。我们搭建起有很多台阶、还带着阳台的城堡，然后用小石子儿装饰它。最后我们再往里头挖一条地道。这可不容易，因为挖洞的时候城堡有时会坍塌。如果挖成功了，我们会尝试着把手穿过隧道伸向对方。

不给偏见留下机会

男孩子和女孩子们对男孩女孩该做什么、不该做什么都有着自己的设想。如果成年人想通过教导来打破一直以来关于性别角色的老一套看法——比如对孩子说"男孩子也是可以玩洋娃娃的！"或者"女孩子老是用粉红色，这可真烦！"——那么他们就用错了方法，因为儿童不愿意让别人改变自己的想法。在他们的世界里，男孩就是男孩，女孩就是女孩。这给男孩子和女孩子双方都带来一种认同感和安全感。他们对异性的偏见有着深深的根源。进化心理学家推断，不仅仅是普遍的性别意识在其中发挥了作用，还有遗传天性。无论如何，性别角色的分配从一开始就无所不在，既在父母的头脑中，在托儿所和幼儿园里，也在电视和其他媒体中。请让你的孩子保留自己的看法。最重要的是，你不管何时都能够喜爱和接受他本来的样子。当你的儿子哭泣时，请安慰他。如果你的女儿野野地大喊大叫，也由她去吧。但是也请你从容地接受"女孩粉红"和"男孩好斗"。请公正对待并且尊重自己的伴侣，这是给孩子树立的最好榜样。

我更乐意和男孩子玩！

一起玩耍比一个人玩更有趣。我喜欢幼儿园，也喜欢我的小伙伴们。我最喜欢和男孩子玩，因为我自己也是男孩子。当我庆祝生日的时候，我只会邀请男孩子。我不太喜欢和女孩子玩，因为女孩子经常哭，而且他们对我喜欢的游戏都没兴趣。我觉得，女孩子不像男孩子那样有意思。我喜欢和我姐姐玩，可是当她的朋友们来我家里时，我却会待在房间里不出去。

孩子是自主的，他们在走自己的路

你的孩子希望塑造自己的人生，他想要依靠自己来完成这件事。走向自主自立是一个长期的过程。

如果一切顺利的话，你的孩子会坚强、能干、积极而又灵活地茁壮成长。孩子与他人交流的能力在增强。他有了第一批小伙伴。他培养出了责任意识。他利用着自由的空间。不过今天的孩子所能利用的自由空间已经变得很狭小。一般情况下，他们很难简单直接地向世界进军，去更仔细地观察生活。

> 在乡村长大的孩子大多比城里的孩子拥有更多的自由空间。他们从幼儿园回家后可以在附近嬉戏欢闹，可以骑着单车或者踩着滑轮去好朋友家转转，可以去看看猫猫狗狗，甚至可以独立自主地去做这些事情。

> 在城市生活的孩子没办法撒开腿就跑，不能够独自一个人在高楼大厦之间转悠，或者独自在附近玩乐，因为对大多数父母而言，这太危险了。这就是如今的普遍实情。

和他人一起探索世界能带来更多的乐趣。

怎样共处？

你的孩子会注意到：父亲和母亲是不同的，兄弟和姐妹也是不同的。他将学会调适自身或者划定界限，学会相应地计划自己的行动。我处在什么位置？我喜欢什么而讨厌什么？我与谁比较合得来，与谁不太合得来？

对不同角色和位置的分析能让孩子对什么是自主、什么是自立有一定的概念。自主有着不同的形式，孩子将在童年时期掌握它们。这一发展过程会一直持续到少年时期。

> **行为自主**：孩子能够自己做一些事情。比如系鞋带、扣外套纽扣……

> **行动自主**：孩子能够对行动做出计划，并且每次都能够自己实行而无须别人催促。比如画画之后把自己的东西重新收拾整齐，吃饭时摆放餐具，之后自主完成家庭作业。

> **道德自主**：孩子把道德性的价值观念看作责任约束，并且自

偶尔独自做一做自己的事情，这对你的孩子来说很重要。这与共同探索世界是一样重要的。

动自发地努力遵循。比如不撒谎，不偷东西，不打架……

> **情感自主**：孩子能够自己控制他的能力、情绪，或者能够在需要的时候寻求帮助——比如在解决纷争的时候。

> **认知自主**：孩子逐渐明白了，自己的世界观和其他人是不一样的。在上述每个领域中孩子都将不断成长。

自我——有时过于以自我为中心

你想要看什么？想看这本书还是那一本？让我们一起观察观察星空吧！不少父母都倾向于率先把孩子可能会有的愿望说出来，他们给孩子提供了数量繁多的选择而加重了孩子的负担。其结果是，孩子变得有很多要求，习惯于随时随地都要得到所有人的关注。如果没有得到关注，孩子会大幅度地索求，因为孩子常常不知道该如何自行处理自己的情绪。而使我们与生俱来的集体精神将完全得不到发挥，甚或会消退。

因此，很多四五岁的孩子没有能力做出集体性的计划。恰恰相反，他们只知道：我要这个我要那个，最好全都是自己来做：自己一个人，不需要别人。我想怎样，我能怎样，等等。他们对集体的感受则相当有限。

这样的儿童是难以体会到集体精神的。不过，要培养这一感受其实不难，因为具有同理心和换位思考能力就几乎能够自然而然地培养出社会观念。但是前提条件是，父母能成功地把孩子有时过于强烈的个人意识转入到集体意识中去：哪些孩子跟我合得来？这又是为什么？我和谁有矛盾，为什么会产生冲突？孩子们先是在托儿所，然后在幼儿园学到了融入同龄人之中，或者在必要的时候与其划清界限。他们很早就在与其他孩子的交往中收集到了基本的经验，这些在共同生活中的重要课题让孩子能很好地迎接小学生活。

分享、交换、给予和获得——孩子们通常在上学之前就已经有了足够的经验和对他人的信任来融入社会关系。他们早就知道：如果我遵守约定的话，其他人可能也会遵守，这样一来大家就能相安无事。

成长小提示

练习社交行为

有些孩子天生就有这样的能力：他们在婴儿时期就友好而开朗，并且因此受到赞许——这是对他们行为的肯定。怎样才能促进社交行为呢？你的孩子需要的是：

> 能够一起讨论冲突矛盾的信任感。家庭关系稳定的孩子比家庭关系不稳定的孩子更能产生信任感（见第56页）。

> 积极正面的反馈意见，对社交行为的肯定与赞许。

> 除了自己的母亲以及其他女性之外，还有自己的父亲以及其他男性能作为榜样和交流对象。父亲可以表露感情并谈论感受，也应该对集体事宜有责任感。男孩和女孩们需要他们做榜样。

> 敏感化：观察他人，看看别人的行为方式并对此进行讨论，除了察觉和满足他人的兴趣、需求和愿望之外，也同样能察觉和满足自己的兴趣、需求和愿望。

自己动手对我仍然很重要

亲爱的妈咪，今天我们在幼儿园吃了番茄酱螺丝面，上面还撒了香菜——这是我们自己动手做的。

我们一起做了饭：番茄酱面条。每个人都小心地把面条扔进热水里，然后用汤勺搅拌面条，面条就越煮越软。在此期间我们不时用汤勺从锅里舀出一根面来，吹一吹，然后尝一尝。在这之前我们已经把西红柿切成了一小块一小块的。我们的幼儿园阿姨把洋葱切碎，然后放进有一点点热油的锅里。"小心！很烫！"她说道，提醒大家注意。然后我们把切好的西红柿片也加到了锅里。我还撒上了盐和胡椒。西红柿也得搅一搅，直到它们煮烂变软。当面条煮好之后，阿姨把水倒掉。我们把面条分装在盘子里，上面淋上番茄酱。然后我们撒上香菜，全部吃光光。

创造力

你可以这样来促进孩子的创造力发展：

> 在游戏、画画和做手工的时候不要打断孩子。

> 不时给孩子提供新的游戏资料，但不要给得太多。

> 和孩子一起游览公园、森林、自然博物馆或者技术博物馆等。创造力丰富的孩子们需要思维的启迪。

发明新游戏，感觉好极了！

自己动手原则也适用于游戏。我自己想出来一个游戏，可以一个人玩，也可以和别人一起玩。你要和我一起玩吗？我已经试玩过了，行得通的！让我给你讲一讲：红色的这个杯子是国王，蓝色的是王后，黄色的是王子，而绿色的是公主。我们把彩色的塑料杯子放到光滑的地板上去。我来告诉你怎么玩：我撞击第一个杯子，然后第二个、第三个、第四个。哪个杯子在地板上滑得最远呢？哪一位获胜了呢？是国王、王后，还是公主或王子？你那边是谁赢了呢？我也许还会想出更多的新游戏。

谁先抵达目标？

跳跃赛跑开始了。我们在路上排成一排，当你说"开始"，我们就在草地上跑跳起来。我一定要赢。当然啦，其他人也想要赢，但我比他们更快。在你说"开始"的时候，我全力以赴地迅速蹦跳起来。我赢了，棒极了！我早就觉得自己速度很快。现在其他人怎么说呢？他们想要再跳一回，想要在这一次跳得更快。

在游戏中预习人生

游戏应该带来乐趣。有的时候这可并不容易，尤其是在关系到胜利与失败的时候。

对儿童成长更重要的是有规则的游戏还是自由式游戏？很多专家宣扬无规则的自由游戏更重要。但是并非人人都认同这一看法。赞同意见认为，孩子在游戏的时候需要自由空间来培养并运用自己的想法。这样他们才能继续发展自己从婴儿时期开始就很重视的东西：对自身影响力的感受（见第 75 页）。比如，当孩子一个人玩的时候，他在练习独自完成任务，如果因为能力不足而失败，他也能学习接受。当他和别人一起玩的时候，他可以学习和大家共同协作、彼此协调。同时持赞同意见的一方还认为自由游戏是促进成长的发动机，能释放创造力、启动独立自主性。但前提是要让孩子自己主动，而不逼迫他们，并且像我们已经说过的那样，不让他们处在时间压力之下。

游戏需要有目的吗？

持反对意见的人则认为，仅仅是随意玩耍不能帮助孩子成长。他们指出，如果成年人有针对性地提出自己的想法，儿童是不会拒绝的。事实正相反。比如，在玩影子游戏的时候，大人们通过使用透明纸张把灰色阴影变成彩色影子的时候，孩子们会惊奇赞叹。他们能自己想到这个主意吗？恐怕不能。因此这一意见认为：如果让孩子自己玩，他们能想到的东西比大家以为的要少。在这个年龄阶段，他们几乎没有能力在自由游戏中发挥自己的创造力做些什么，因而在游戏中使用的能力往往会低于该年龄的发育水平。从自由行动中产生的是一种比较单调的自发游戏，不会迸出创意的火花：玩水和沙子的时候他们会一成不变地玩烤蛋糕游戏，玩汽车的时候也总是赛车这样的老套路。如果成年人一起参与的话，他们更有可能借助一点点化学、数学和物理的调剂，把胡乱的玩耍活动变作让孩子们惊叹不已的精彩游戏。

千万不要"非此即彼"！

对于这一场争辩，孩子们是怎么看的呢？他们肯定不想要"非此即彼"，而希望"两者兼得"：有的时候自由地玩耍，有的时候按规则来游戏。有时在大人们温和的领导下玩耍，有时则撇开大人。选一处中间地带，让两者良好地搭配兴许更有意义。

有分寸地提供社交支持

在过去的十来年里，教育专家以及发展心理学家们在儿童早教方面研发出一些教育计划，其中"Scaffolding"（直译为：支架）理念有着重要的地位。通过"支架式教育"或者社交支持可以帮助孩子在成长过程中更进一步，而这一步如果只靠孩子自己的话可能会实现得较晚。在这一过程中，大人只给孩子提供他们自己不会想到的小建议或者小提示，然后由孩子尽可能独立地找出问题的解决办法，而不借助直接的引导。

从属概念

以下是一个小例子：有的孩子在幼儿园阶段还不能把他们感官世界中的物体和目标同时归纳到一个以上的从属概念中去。他们喜欢从奶奶的针线盒子里找出纽扣来玩，有时用它们摆成一条长长的蛇形图案，有时把纽扣按照大小或颜色分成一小堆一小堆。只有当别人直接要求他们把所有小的白色纽扣以及所有大的黑色纽扣各自堆放到一起时，大多数孩子才能够成功地正确完成任务，个别孩子还需要稍微想一想。有的孩子还会自己想到把大的和小的（或者中等的）棕色（或者红色、蓝色等）纽扣分别堆放。

往往只需要一个小小的推动就能让孩子产生大大的创意。

对孩子的直接敦促能推动他们的成长（通常是持久性的），这让孩子转入了他们的"最近发展区"。苏联著名发展心理学家利维·维果茨基的理论，在20

178

世纪下半叶的学术界引起过轰动，至今仍有着深远的影响。他用"最近发展区"来描述在个人成长过程中接下来将要面临的区域。早在二十年前，发展心理学家让·皮亚杰就已经说过"定量差异"是他想要实施的教育原则，目的在于引发儿童的认知小冲突，但他们最终都能够成功地独立解决这一冲突，并且会感受到意外或者获得"原来如此"的体验。

竞争越来越有吸引力

好胜心、竞争、胜利——除了自由游戏之外，竞赛性游戏也越来越多地进入孩子的视野。现在的问题是：在个体逐渐受到重视的竞赛游戏中，谁最快、最聪明？谁是胜利者？谁的成绩最好？规则性游戏鼓励孩子继续下去，坚持到底并且争取胜利。在学龄前阶段，除了电脑游戏之外，传统游戏仍然很受欢迎，比如经久不衰的十字跳棋这一类规则浅显易懂的游戏。关系到成败的比赛以及集体游戏是进一步的锻炼，能让孩子们练习：在遭遇失败时要经受住挫折、在取得胜利时不要炫耀。这也关系到孩子的感受：我嫉妒吗？当别人获胜的时候，我是否能为他高兴？抑或是嫉妒得七窍生烟？

遵守规则对整个人生都很重要

规则性游戏让人记住规则——即约定、协议等，而规则是孩子要终生面对的东西。在集体游戏和竞赛中，孩子会了解到什么叫作"遵守规则"。我必须遵守游戏规则，其他人也同样如此，这是很多游戏的明确戒律。遵守这一戒律对很多四五岁的孩子来说挺困难：为什么我必须这么做呢？通过练习，孩子会逐渐意识到，规则正是游戏的魅力所在：所有人都必须遵守，然后全力以赴——这是一门社会功课。它的学习过程也是漫长的，需要走很远的路才到结业阶段，即使一部分成年人也仍然还在修习之中。

即将入学

你的孩子慢慢地学会了提前做打算，并且培养出了时间观念，他们对将来会发生什么事情也有所洞察。在现阶段的很多家庭里，最受欢迎的游戏是谈论学校。入学这件事正慢慢来临，对有好奇心而求知欲强的学龄前儿童来说，它是让人期待的一件事。崭新的精彩时代正在向你和你的孩子走来。

图书在版编目（CIP）数据

孩子眼中的世界 /（德）科妮莉亚·尼驰，（德）哈
特穆特·卡斯滕著；李琪译 . — 西安：太白文艺出版
社，2018.7
ISBN 978-7-5513-1460-2

Ⅰ . ①孩… Ⅱ . ①科… ②哈… ③李… Ⅲ . ①幼儿教
育—家庭教育 Ⅳ . ① G781

中国版本图书馆 CIP 数据核字（2018）第 119121 号

著作权合同登记号　图字：25-2018-065 号

孩子眼中的世界
HAIZI YANZHONG DE SHIJIE

作　　者　〔德〕科妮莉亚·尼驰　哈特穆特·卡斯滕
译　　者　李　琪
责任编辑　马凤霞　彭　雯
特约编辑　申　三
整体设计　Metis 灵动视线
出版发行　陕西新华出版传媒集团
　　　　　太白文艺出版社（西安北大街 147 号　710003）
　　　　　太白文艺出版社发行：029-87277748
经　　销　新华书店
印　　刷　北京旭丰源印刷技术有限公司
开　　本　710mm×1000mm　1/16
字　　数　190 千字
印　　张　12
版　　次　2018 年 7 月第 1 版　2018 年 7 月第 1 次印刷
书　　号　ISBN 978-7-5513-1460-2
定　　价　59.80 元